JN239546

コミュニケーション・対人関係・行動のコントロール等が苦手

発達障害の子ども達の理解と支援

不注意・多動・衝動性・聞く話す・読む書く・計算等が苦手

本書発行にあたって

　2007 年、私が滋賀大で研修していたときに、窪島教授から「親の役に立つ LD の冊子を作るよう」に言われました。当時本屋には、「特別支援教育」の名の下に、本棚にぎっしり関連本が溢れていました。私が「本屋にはいっぱい並んでいます」と答えると「本当に親の役に立っているのか？」と言われて返事ができませんでした。そこで、大学の研修で学んだことや滋賀大キッズカレッジ（SKC）で子ども達との取り組みを通して学んだことを、その年から『子どもの困難さの理解とその支援』『読み書きの苦手を克服する子ども達の理解と支援』『発達障害の子ども達の理解と支援』等 8 冊を作成し、学習会の資料として使いました。その間、滋賀県草津市特別支援教育巡回相談員として、14 年間学校巡回をしました。

　大阪で SKC の理論を受け継ぎ、SKC 大阪教室・東大阪キッズ相談＆学習室を開設して 17 年になります。来年 3 月で活動を止めるにあたって東大阪での退職から 17 年間の取り組みをまとめることにしました。発達障害（MR・ASD・ADHD・LD）は、理論の難解さや実践の多様性等もあり、簡単な克服方法はありません。心の安心と自尊心を大切にした人格的成長を目指した息の長い教育以外に道はないと思います。

　しかし、当事者の子ども達や親の悩みは、待ったなしで深刻です。20 年後、30 年後の教育に明かりが灯りますよう願っています。

2024 年 10 月

井川　百々代

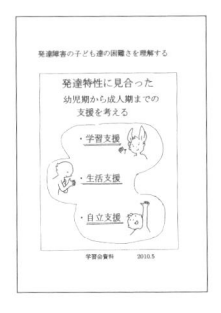   

今までの冊子 8 冊

目次

第 1 部
発達障害の子ども達の
理解と支援

2024年 2 月　講演記録

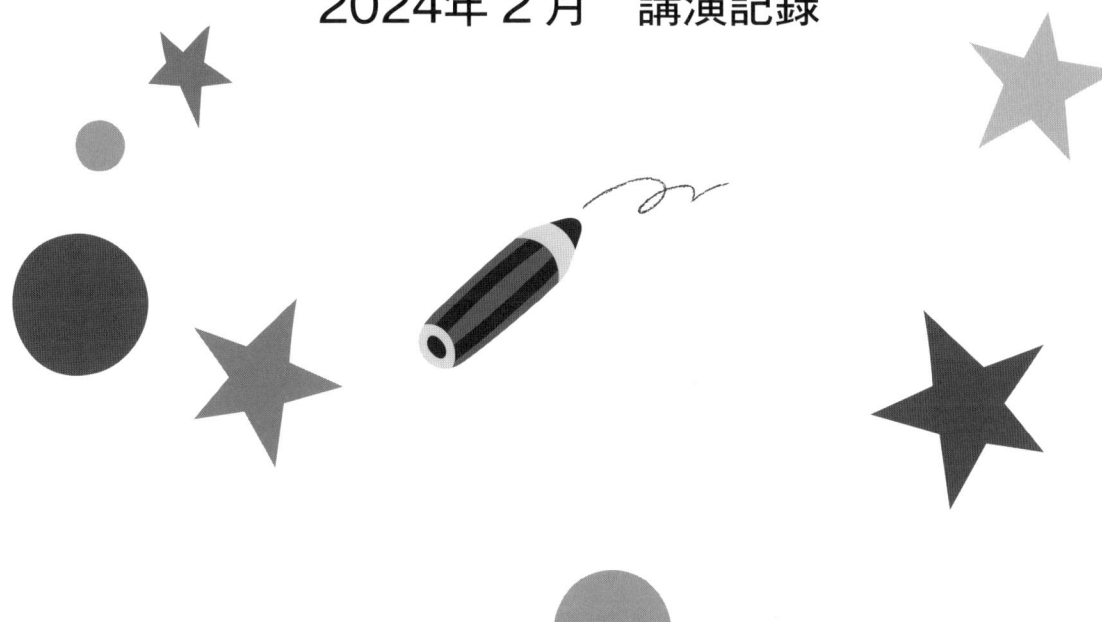

2024 年 2 月 18 日東大阪市の障がい児教育をよくする会主催の講演会が開催されました。

　この講演記録は、私が話した内容と当日配付した資料を基に、東大阪市障がい児教育をよくする会事務局長の杉本さんが講演のテープを起こし作成しました。本書を発行するにあたり加筆・修正を行いました。

はじめに

　2007年に特別支援教育が始まって今年で17年目を迎えます。名称や枠組みが決まったとは言え、特別支援教育の中身たるものまったく旧態依然として進んでいないことにため息しか出ません。教員不足・専門家不足が常態化し、教育の内容はむしろ後退しているかのように見えます。

　教育の目標が「人格の完成」としつつも、その内容は国家・社会・企業の求める「人材の育成」となりました。そのときから、子ども達を取り巻く環境は見た目には、IT化により進んでいるように見えますが、実は貧困化しているのです。

　特に特別支援教育で「発達障害」が脚光を浴び、子ども達には特別支援学級在籍の有無にかかわらず、特別支援教育を受ける権利が認められました。しかし、それにかかわる教育予算はつけられず、教員の増員は認められていません。また、通常学級の担任の裁量で工夫してすすめなさいという制度では、良い見通しを見出すことができません。

　子ども達はこの間、コロナ禍で学習権が奪われ、やっと 4 年ぶりに回復したとは言え、失ったものは大きいです。

　今ここで、もう一度「発達障害の子ども達の理解と支援」について考え、教育の中身について提案したいと思います。10 年前に作った冊子は大きく変更するところはありません。残念ながら、10 年間特別支援教育は進歩していないということになります。（冊子は学習会当日に配付されました）

　今日は「発達障害の子ども達に寄り添うとは、どういうことか」を学び合いたいと思います。

発達障害の子ども達とは

東大阪キッズの井川と申します。今日は、「発達障害の子ども達の理解と支援」というテーマでお話をいたします。

発達障害とは、知的な遅れはないものの、生まれつき脳機能のアンバランスのために言葉が遅い、対人関係をうまく築くことができない、特定分野の勉学が極端に苦手、落ち着きがない、集団生活が苦手、といった症状が通常低年齢で発現する状態です。

こうした現状から合理的配慮の必要な子ども達には学習支援が必要です。

2004 年発達障害者支援法が公布、2005 年施行され [注1]、2007 年特別支援教育がスタートして今年（2024 年）で 17 年を迎えようとしています。これによって、発達に特性のある子ども達の教育が制度として定着しつつありますが、教育内容は十分に深められているとは言い難い現状です。

2006年国連で採択された障害者権利条約（日本では2014年批准）に合理的配慮 [注2] が盛り込まれました。しかし、これも学校現場に定着するにはほど遠い状況です。

（注 1）

> 発達障害者支援法　2004 年公布　2005 年施行　2016 年改訂
> 発達障害　定義：「自閉症、アスペルガー症候群その他の広汎性発達障害、学習障害、注意欠陥多動性障害、その他これに類する脳機能の障害であって、その症状が通常低年齢において発現するものとして政令で定めるもの」

ここでは用語は法的に規定されていますが、それぞれの障害をひとくくりに「発達障害」とするには、無理があると考え、「発達障害」の文言は使用せず、以下「発達に特性のある」子どもとします。

（注 2）2012 年 7 月公布

> 特別支援教育の在り方に関する特別委員会報告　3、障害のある子どもが十分に教育を受けられるための合理的配慮及びその基礎となる環境整備
> 合理的配慮　定義：「障害のある子どもが、他の子どもと平等に「教育を受ける権利」を享有・行使することを確保するために、学校の設置者及び学校が必要か

つ適当な変更・調整を行うことであり、障害のある子どもに対し、その状況に応じて、学校教育を受ける場合に個別に必要とされるもの」であり、「学校の設置者及び学校に対して、体制面、財政面において、均衡を失した又は過度の負担を課さないもの」。なお「合理的配慮」の否定は、障害を理由とする差別に含まれる。

1. MR（<u>知的障害</u>）の主な特徴（下線は 2013 年アメリカ精神学会 DSM － 5 で改定）

・全般的に知的発達がゆっくりで、記憶や学習がゆっくり発達する。物事を繋げて考えたり、深く考えたりすることが苦手である

2. ASD（<u>自閉スペクトラム症</u>）の主な特徴

・コミュニケーションが上手くいかない（対人関係）
・こだわりが強い（切り替えができにくい）
・人の気持ちがわかりにくい
・感覚過敏または鈍麻（味覚・臭覚・聴覚・触覚・視覚）
　例えば、虫嫌いか好きか等、それらの程度の強さが通常の人間関係を阻害します
・全てに両極端に出ます

① ASD の二つのタイプ
タイプ A －周りの空気が読めない・人の気持ちに無関心
・マイペース・宿題を忘れても平気・人のことは気にならない
・できないことがそんなに苦にならない
・人の気持ちや感情等、見えない物に対して理解できない
　（大きな声で怒られているので、どうもダメなことをしたらしいと思う）
・自尊感情は低くない
・こだわらない

タイプ B －周りの空気を読みすぎる・人の気持ちを気にする
・人の気持ちがわかりすぎてしんどくなる・人のことがほっとけない
・サービス精神旺盛・外面は良い
・周りの人に合わせるのに一所懸命なので、しんどくなり、家に帰るとぐったりとする
・自尊感情は低い・皆と同じことをしなければならないという脅迫概念
・できないことが苦になり、自分を責める

・人の評価が大変気になる

・自分がどう思われているか気になる→不登校になりやすい

・できないことが悔しくて、そのことを人に知られることが辛くて隠すが、心がしんどくなる

・できないことを他者に知られたくない

・「やったらできるはず」と思い、「やらなきゃならない」と、自分を縛る

・他者の比較の中でしか自分が見えない

・自分が他者からどう見えているかが基準になっているが、自己中心的で自分がいつも中心でありたいという思いが強い

② AS（アスペルガー症候群）

・言語発達は比較的良い

・自己中心・自分はいつも悪くない

・失敗や上手くいかない原因は自分ではない

・自己防衛が強い・被害者意識が強い・自尊感情は低い

・AS は男性に多いと言われ、支配欲が強く、周囲はカサンドラ症候群 [注3] になり易い

・会話が成立しているかのように見えて、微妙にすれ違っている

（注 3）

> カサンドラ症候群
> 　パートナーや家族などが発達障害の一つである AS のために、コミュニケーションや情緒的な相互関係を築くことが難しく、AS の人の身近にいる人に、不安や抑うつ等の心身の不調を来す状態のことを言う。

③ 高機能自閉症

・知的には高い・学校に行っている間は、枠組みのある中では何とかいける

・集団が苦手、相手に合わせられない

・社会に出た時に集団に馴染めないことが顕著になる

・対人関係が上手くいかない

・引きこもりになり易い

3. ADHD（注意欠如多動症）の主な特徴

・治療に服薬が効果的なこともある

・自律神経系の不調

・衝動性・多動性・思考の多動・行動の多動を伴う（歩き回ったり、興味のある話だけを聞き取って自分勝手に話し出して授業を中断させてしまうなど、注意力が年齢や発達に不釣り合いで、集団生活において困難や支障をきたすことがある）

・ADD－不注意優性型（ぼーっとしている、女子に多い）

・片付けられない・すぐ忘れる・時間の概念が薄い（遅刻）

4. LD（限局性学習症）の主な特徴

・教科学習に大きな影響

・知的な遅れは、ほとんど見られないのに読む、書く、計算するなどの特定の分野の学習能力が極端に苦手なものがある

・読む―読めないと書けない⇒読み障害

・書く―読めるけど書けない、筆順はでたらめ⇒書き障害

・読み書き―読めないが、読み上げるとわかるが書けない⇒読み書き障害

・計算する―桁や数の「かたまり」としての認識がない⇒計算障害

・論理的思考―文章題（意味の読み取り）⇒算数障害（図形・作図）

・英語―読めない、書けない、聞いたらわかる人もいる⇒アルファベット障害

5. DCD（発達性協調運動障害）の主な特徴

・粗大運動（跳ぶ・走る）―体育が苦手

・タイミング・バランスの問題

・微細運動（ハサミ・書字）―手先が不器用・楽器の演奏が苦手・形が取りにくい

　以下、私の話の中に出てくる「子ども」とはこうした 1 ～ 5 の発達特性のある子ども達のことです。

発達障害者支援法では、知的障害は対象としていませんが、ここではあえて知的障害も対象にしました。

東大阪キッズ学習室の粘土学習

（スタッフの感想文より）

　キッズは、粘土の役割と面白さを知る日々でもありました。LD で漢字が苦手で「机から2、3歩離れたら忘れるからなぁ」と言う子がいました。その子らも粘土で「課題」のイメージを作るのです。二次元の、絵を描くように粘度を貼り付けた作品を作る子も、やがて立ち上がり三次元の作品が生まれ、抽象的な言葉の世界をも作り出します。自由に粘土を扱う中で、心もほぐれるのか、「できた！」と、スッキリした顔で伝えてくれます。この後、ひも粘土で漢字を作り鉛筆で2回書きます。粘土作品は何枚も写真を撮り大切に保存します。不思議と、漢字は苦手でも、本は文の前後の言葉や文から推測して読めるようになっています。

　キッズでの学習は、できるところから始めます。無理させない、数は少なく、ゆっくり進みます。

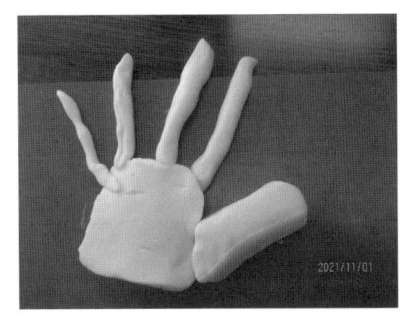
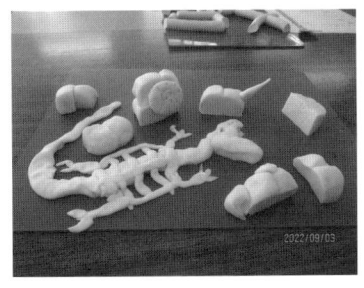
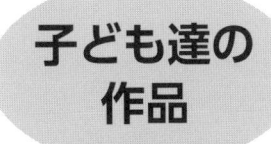
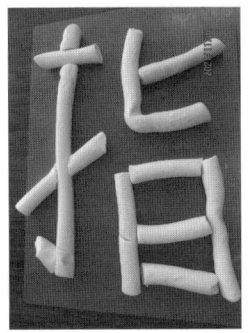

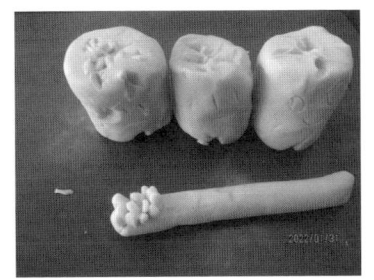

子ども達の
作品

❶ 表面に現れている姿・形

集中できない

うろうろ身体が動いてしまう

そわそわ

とびだし

わかっちゃいるけど座れない

ちょっかいを出す

忘れ物が多い

好きなことには夢中

切り替えに時間がかかる

わがまま・乱暴・どんくさい

　このような特性をお持ちのお子さんは表面的にはどのような姿・形で現れるでしょうか。

　それは「集中ができない」ことです。うろうろ、そわそわ、飛び出し、身体が動いてしまう、わかっちゃいるけど座れない、ちょっかいを出すという姿で現れます。

　「忘れ物が多い」「好きなことに夢中」だから切り替えに時間がかかります。

　「わがまま・乱暴・どんくさい」「片づけられない」「宿題に時間がかかる」「いつも取り残される」というように見られます。

　子どもの側から見るとどうでしょうか。「小さい頃から一所懸命やっているのに、うまくいかない」「友だちはうまくできて、先生や親からほめられているけど、自分にもごく簡単に思えることがやってみれば、できない」さらには「うまくできたかどうかも自分ではわからない」それらの積み重ねのなかで「何をやってもうまくいかない」という思いから、不安と恐怖心を持つようになっているのだと思います。

　大人は子ども達にどのように働きかける必要があるのでしょうか。それは、徹底した聞き取りと観察で子どもの持っているしんどさを共有し、子どもの良さを発見することです。子どもが自尊心を維持する能力をつけられるようにすることです。得意な部分、良いところへの働きかけなのです。不得意なところはスルーします。「わかっているけどできない」という子どもの事実を認めてあげるということが大切です。

❷ 子ども達の本当の姿は

よく気が付く　　　　　　　やさしい

人懐っこい　行動が早い　明るい　親切　控え目　人に合わせる　思いやりがある

同時にいろいろキャッチできる

ずれる、要領が悪い

まじめ 研究熱心

がんばり屋 物知り博士

一所懸命 仕事がていねい

ダジャレが好き

だじゃれを いうのは だれじゃ

そんな しゃれは よしな しゃれ

　子ども達の本当の姿はどうでしょうか。子ども達は「よく気が付き」ます。人懐っこいし、行動が早いし、明るく、親切で、「やさしい」です。

　控えめで、人に合わせますし、思いやりがありますし、こだわりません。「まじめ」「がんばり屋」「一所懸命」です。ときには、ずれたり、要領が悪かったりすることが特徴です。

　子どもの本質への理解としては「まじめ、一所懸命、がんばり屋、よく気が付いて、やさしい」のだけれど、子どもは２次障害を起こしており、切れたりパニックになったりするという現実があるということです。

　こうした子どもの姿をどう見ればよいのでしょうか。「まじめ過ぎて、許せない」「がんばりすぎてしんどくなっている」「やさしさゆえに言い出せない」「不条理への怒り」「対人関係の気配りの細やかさと繊細さ」「人への思いやりとやさしさ、それゆえの悩みの深さ」「思っているけど言語化できない」「こだわりはまじめさの表れ」「パニックは辛抱強いゆえの爆発」というように、子どもの本質を見定める必要があるのではないでしょうか。

❸ ついつい言っていませんか？ やっていませんか？

ついつい言っていませんか。
「もういい加減な子ね」「怠けているからや」「いつもぼーっとしているから」
「早くしなさい」「何度言ったらわかるの」「やる気があるの」「よく見なさい」
「ちゃんとできているの」「あんたのために言っているのに」などです。

- ・教え込み　・そばについて指示
- ・できるまでそばにいる
- ・人の倍努力しよう
- ・根性

子どもは
- ・指示待ち人間
- ・自分で決められない
- ・人に頼りっぱなし

- ・でも、反抗期はくる

　ついついやっていませんか。

　やっぱり心配なので、教え込み、そばについての指示などです。こうした対応を続けていると、子ども達は指示待ち人間になります。自分では決められない。人に頼りっぱなしになります。全面依存します。

　でも反抗期は来ます。子どもは、「勉強いや」「学校嫌い」と自己主張するようになります。

④ 子どもなりに工夫しています

○ 「見える物」「聞こえる物」への認知は優れている

工夫1
音読はスラスラ読めないので
読むところを全部丸暗記する

工夫2
しっかりしている子のそばで
やっていることをマネする

工夫3
2〜3回聞いても理解できないときは
・笑ってごまかす
・相づちを打つ
・一度うまくいった方法にこだわる
・聞こえないふりをする

身体を揺すって安定する

これらはさぼっているのではありません！！

　子どもは子どもなりに工夫しているのです。「目に見える物」「聞こえる物」への認知は優れています。

工夫1……音読はすらすら読めないので読むところを全部丸暗記します。
工夫2……しっかりしている子のそばで、やっていることをマネします。
工夫3……2〜3回聞いても理解できないときは、「笑ってごまかす」「相づちを打つ」「一度うまくいった方法にこだわる」さらには「聞こえないふりをする」などの工夫をします。これらはさぼっているのではありません。

工夫4

一番目に答えるハメになったら……
・「お先にどうぞ」と言ってゆずる
・「パス」をする
・だまる
・目立たないところに座り、当たらないようにする

工夫5

質問者に「えっ？　なんて言ったの？」「もう一度言って下さい」と聞き、質問者が再度質問を繰り返している間に答えを考える

質問　8×5＝？　もう一度言って下さい
　　　8×1＝8
　　　8×2＝16
　　　8×3＝24
1から5まで唱えていく

大きい数字は
頭が痛くなる

工夫6

「頭」と「顔」の覚え方

　一　口　ソ　一　一　ノ　目　ハ
　　イチ　クチ　ソ　イチ　イチ　ノ　メ　ハ

いち
くち
ソ
いち
頭
いち
ノ
め
ハ

　顔には3本のひげがある

工夫7

漢字は前後の文脈を手掛かりにして読む
・「親しい」→「あたらしい」
　　　　　　→「おやしい」

・「一生」→「いちねんせい」
・「改める」→「あきらめる」
・「正す」→「丸をする」

工夫4……一番目に答えるハメになったら「お先にどうぞ」「パス」「だまる」
　　　　　「目立たないところに座り、当たらないようにする」
工夫5……「えっ？　なんて言ったの？」「もう一度言って下さい」と聞き、質問者が再度質問を繰り返している間に答えを考える。
工夫6……自分なりに漢字の覚え方を工夫する。
工夫7……漢字は前後の文脈で読む。

究極の子ども達の工夫

○「読まれへんかったらあかんから、
　読み仮名振っとこ」

○「テストの点は取れそうもないから
　提出物はちゃんと出しとこ」

○「書くのは苦手やから
　まとめ役になるわ」

○「演技の見本リーダーはできへんけど
　応援団ならやるわ」

○「宿題、苦労するけど
　半分にまけてくれたらできそうや」

○「だいぶ辛抱したけど
　最後はあかんかった」

○「俺は漢字はあかんけど
　別のことでがんばるわ」

　究極の子ども達の工夫は、「読まれへんかったらあかんから、読み仮名振っとこ」「テストの点は取れそうもないから、提出物はちゃんと出しとこ」「俺は漢字はあかんけど、別のことでがんばるわ」「書くのは苦手やから、まとめ役になるわ」「感想文はあらすじを書いて、最後に『おもしろかった』にしとこか」とかいろいろ工夫していることがわかっています。また、どうしても集団に入れない時は諦めます。

○「感想文はあらすじを書いて
　　　最後に『おもしろかった』にしとこか」

6－0＝0か6かどっちか
0－3＝0か3かどっちか
「ひゃく」は「百」か「首」かどっちか
「あね」は「姉」か「妹」かどっちか
わからんからどっちか書いとこ

○「あかんかっても怒らんといてや」

○「僕も覚えようとがんばってるんやけど
　　　忘れてしまうねん」

○「あの時のあの子の気持ちが
　わかるようになりたいねん」

○「将来こんな仕事なら続きそうかな？」

○「毎日学校へ行くのはしんどいけど
　１日おきなら行けそうかも」

＊自己決定する
＊自分で考えて、自分の口から言う

　そして「覚えようと思っても、がんばっても忘れてしまう」
「あの時のあの子の気持ちがわかるようになりたいねん」
というのが子どもの本音なのです。

⑤ 子どもの本当の良さを育てるために

親の子ども理解が決定的

子どもの実態は

できない自分

不器用 学習 友達 自信がない 不安

自己防衛・ごまかす自分

あせり こだわり 丸暗記 暴力（口・手）

○ 子どもの本当の良さを育てるためには 親の子ども理解が決定的です

子どものつらさに思いを寄せる

　では、子どもの本当の良さを育てるためにはどうしたらいいのでしょうか。

　第一は、親の子ども理解が決定的です。

　子どもは「できない自分」がわかっているのです。そのため自己防衛したり、ごまかしたりする自分をわかっているのです。「お母さんのせいや」と言い、ついつい全面依存する自分もわかっているのです。そして「つっぱり・いらだち・パニック」を起こします。

　意識的・無意識的に、できないことについて、いろいろに異なるやり方で反応しています。過剰適応・適応・不適応という姿で反応します。学校の先生達は不適応にとても敏感です。けれども不適応だけでなく、いろんな形で子ども達は反応しています。周りには「さぼり・怠け・注意散漫・学習習慣の不足・不真面目」などと「叱責の対象」になっていることが多いのです。これらは困難に対する、子どもの反応のいろいろな現れ方です。

全面依存する自分

どうするの？　どうしたらいい？　お母さんのせいや！
つっぱり　いたずら　パニック

○　自分の間違いへの反応として

・否認・拒否・嘲笑・恥・自己卑下・ごまかし・茶化し・同意
・容認・是認
・自己肯定が見られる

　自分が間違った時の反応としては「否認」があります。つまり絶対に認めない。自分が悪くても絶対認めない。そして「拒否」です。また「嘲笑」しながら逃げます。「どうせ、どうせ自分は」と言います。それから「恥」。そんなことができない自分が恥ずかしいから、「できない」とは絶対に言いません。「自己卑下」です。「どうして自分はできないのだろう」という思いに傷つきます。それから人を茶化す。一所懸命やっている子のことを茶化します。

　そうして子ども達はだんだん自ら「否定的」な部分について、その一部に同意するようになっていきます。そうして「自分はできないのや」と自ら容認するようになっていきます。それから是認の段階にいきます。「しゃあない」「これでいいんや」と思うようになっていきます。最終的に、「自分は自分のままでいく」「誰の真似もしない」「自分でええわ」という自己を肯定しようとする姿が見られるようになります。

　しかし積み重なった否定的な経験のなかで、子どもの自尊感情はさまざまに傷つけられます。

○ 自我の発達の重要性

　子どもが自らを知り、自覚する力を付けていくためには、自我の発達が非常に重要です。そのためには、反抗期がとても大切です。まずは第1反抗期です。3歳・4歳の時に到来します。「なんでも『いや』」と言う時期です。次に第2反抗期です。9歳・10歳の時で具体的思考から抽象的思考に変わるときに、「自分でやる」と言い、親の言うことを聞かなくなります。そして思春期です。中学2年生から3年生で、自分なりにいろいろ考えてやるというふうに変わってきます。

> **親が子どもの「しんどさ」をわかってやる**
> ・本人なりに　がんばっても「でけへんなあ」
> ・ほんまにあの子は「しんどいねんなあ」
> ・あれだけ「がんばったのになあ」
> ・子どもの気持ちを聞いてやる
> ・「ここまではできるようになっているね」
> 　と成長を認める

**「見えるもの」「聞こえるもの」はよくわかるけど
「見えないもの」「聞こえないもの」はあまりわからない。**

本質は目に見えない‼

○ 子どもの気持ちを聞く

　親御さんの心構えとしては、親が子どもの「しんどさ」をわかってやるということが大切なのです。親が自分の意見を子どもに押し付けるということが多いのですが、子どものしんどさをわかってやるということが大切で、これが子どもの目線に立つということです。「本人なりにがんばってるけれども、でけへんのやなあ」と思ってやることが大切なのです。「本人ががんばってへんからや」ではなくて、「ほんまにあの子はしんどい思いをしてるのやなあ」「ちょっとやったら、人の倍以上疲れんねんなあ」というように、子どもを理解してあげることです。「あれだけがんばったのに、やっぱりあかんかってんなあ」と思ってやることです。「ちっともがんばってへんから、できないであたりまえ」ではなく、「がんばったんやなあ」という理解が大切です。がんばる時間は2秒ぐらいです…。

　そして大切なことは、子どもの気持ちを聞いてやることです。ここがいつも間違うところなのです。親の意見を子どもに押し付けることは簡単ですが、子どもの気持ちを聞いてやることはなかなかできません。

　次に「ここまでできるようになってるやん」と成長を認めてあげることです。「前まではすぐにすねていたけれど、ちょっとは気持ちの切り替えができるようになったな」などと少しの変化であっても成長を認めてあげることが大切です。

子どもにとって「見えるもの」「聞こえるもの」はよくわかるのですが、「見えないもの」「聞こえないもの」はあまりわかりません。子どもにとって「見えないもの」は「ないもの」なのです。子どもにとって「聞こえないもの」は「知らん」となります。子どもは心で感じます。本質的な理解とは、知識を分析したり統合したりすることで本質は見えてきますが、まだ子どもの場合、そこまで行きませんから、「感じる」という方法が子どもの認識の仕方です。

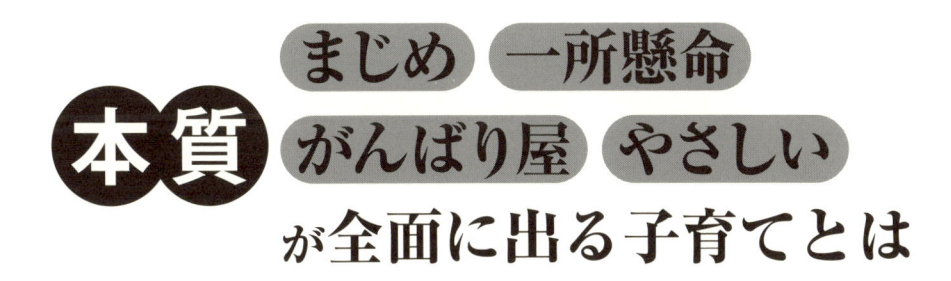

○ 子どもはまじめで一所懸命

子どもの本質とは、まじめで一所懸命でがんばり屋でやさしいのです。こうした子どもの本質的な良さが前面に出る子育てとはどういうことでしょうか。

それは、一人ひとりの子どもの特徴をよく理解する。「この子はなんやかんや言うけど、やさしいんやな」「この子はいろいろ思っているけど、ことばにできないんやな」というように、子どもの特徴をよく理解することです。次に、しんどいことを「がんばれ」でなく「そうやな。うまくいかへんな。しんどいな」と認めてあげることです。「さぼってなんかいないこと知ってるよ」というメッセージを送ることです。メッセージでいいのです。さりげなく飲み物を置くとか、さりげなく「うんうん」と頷いてあげることです。これが安心と自尊心を育てていくのです。

それから「どうする」「どうしたらいいと思う」と本人に聞きます。ここです。本人に聞くのです。親がこうしたら、ああしたらというのではないのです。親の言うことをまずは聞きなさいという形できていませんでしたか。最終的には選択肢を示す場合もあります。「どっちにする」ということです。選択肢は少ない方がいいです。

○ 子どもの特徴を理解する

それからがんばっても苦手がある子どもの特徴を理解することです。覚えられないのです。覚えてもすぐに忘れてしまうのです。記憶に残らないです。「3歩歩いたら忘れるから、あまりごちゃごちゃ言わんといて」という子どももいました。不器用さがあります。ハサミがうまく使えない。縄飛びがうまくできないなどです。

また、ADHD の子どもは待てないです。今言ったら今。それから口下手。思っていても言葉がスラスラ出てきません。周りに言い訳ばかりと思われるかもしれませんが、そ

れはそういう形で自己主張をしているのです。そのように理解してあげられるかどうかです。

○　自分なりの方略

　本人が自分の苦手を理解して、自分なりの方略を考える。ここまで来たら子どもは、非常に成長します。なかなかここまで来られず苦しんでいる子どもがたくさんいます。覚え方についての工夫が必要です。その点では、今どきのお子さんはスマホやユーチューブを使うのが上手ですから、それらを駆使して、覚えたり検索したりします。それから代替えをする、こっちでだめならそっちでいくということです。

○　適切な教育的配慮の必要性

　適切な教育的配慮の必要性があります。ここで一番いま大きな問題になっているのは、学校体制です。学校が子どもの本当の考える力を育てる場所ではなくて、覚えさせる、点数をいかにして取るかということに偏っているのではないかと思います。

　学習内容としては、筆順の問題があります。漢字は読めたらいいのです。ところが筆順にすごくこだわっている傾向があります。標準以外でもその字と認められればそれでよいと文科省が言っているにもかかわらず、汚い字なので全部書き直させるというのが、小学校低学年でいまだに行われています。子どもは勉強に対する意欲を失ってしまうように思います。

　文字はコミュニケーションの手段です。言葉には話し言葉と書き言葉があります。文字は書き言葉ですが、書き言葉がうまくいかない場合は、一歩手前の話し言葉を駆使してコミュニケーションをとるということがまず大切です。話し言葉がうまくいかないのに、文字ばかり教えるというのはコミュニケーションが生きてきません。その文字というのは、物事の意味の理解には重要な手段ではありますが、生きていくうえで自分の特性を自覚し改善できれば、これらはたいしたことではありません。

子どもの自立に向けた育ちの保障

・自分が自分であっていい安心感　　・かっこつけない
・できない自分があっていい

安心感
・自分の居場所
・安心して間違えてもいい場所
・学習面でもわからないことを安心して聞ける・言える場所

子どもの姿

・できない自分を隠さず認める
・親にもわかってもらえた
・もう、つっぱらんでもええんや

安心感　⇒　落ち着き　⇒　自分に向かう力

・「ここまではわかるけど、ここからはわからんようになる」と言える力
・自分のペースなら行けそうと思える見通し

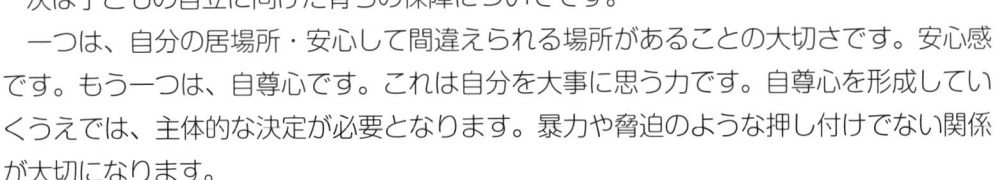

○　子どもの自立に向けた育ちの保障

1）安心感と自尊心

　次は子どもの自立に向けた育ちの保障についてです。

　一つは、自分の居場所・安心して間違えられる場所があることの大切さです。安心感です。もう一つは、自尊心です。これは自分を大事に思う力です。自尊心を形成していくうえでは、主体的な決定が必要となります。暴力や脅迫のような押し付けでない関係が大切になります。

2）安心感とは

　自分が自分であっていいという安心感。ここが難しいです。自分は自分であってはいけないと感じます。みんなといっしょでなければならないという強い強迫観念を子どもは持っています。格好つけないということです。子どもの発達には格好つける必要はありません。自分の地のままでいいのです。「できない自分」があっていいのです。何年か前に、♪「ありのままで」♪という歌がはやりましたが、なかなか子どもはそのように思えません。

　大事なのは安心感と自尊心です。安心感は自分の居場所、学校であったり、家であったり、そこが作れているかが問題です。残念ながら不登校が 34 万人になっています。このことからもわかるように、学校は安心できる居場所になっていません。であるならば、家です。家庭だけでも居場所、自分が間違えてもいい場所としての家庭が大事になります。

　学習面でも、わからないことを安心して聞くことのできる場所、言える場所を学校で保障したいです。「わからんかったら恥や」と子どもは思っています。なので、先生は「わかってないのかな」と見える子どもには、「どう、いける、いけそうか？」と聞いてあげたいです。

　子どもの姿としては、できない自分を隠さず認めていることです。これが大事です。

ところが子どもは隠すのです。学校は字を覚えるところ、計算を覚えるところ、なのにそれができないのは格好がわるいので、わかったふりをします。ここを隠さず自ら認められるようになるといいです。親もそういうふうに子どものことを理解してやると、「親にも認められた」「もうつっぱらんでいいんや」という風に安心感が生まれてきます。こういう場所に家庭がなってほしいです。

3）自分に向き合う力が育まれる

　安心感によって、子どもは落ち着きを取り戻すことができるようになります。そうして自分に対して、何が大事かという形で、自分に向き合う力が育ってきます。
　それは、「ここまではわかるけど、ここからわからん」と言える力につながります。
　キッズの学習室では、「漢字で横棒３本までわかるけど、それ以上横棒が付くとわからない」「縦棒が多くなるとわからない、数字でも多くなると頭が痛くなる」など、子どもがそのように言えるようになっていきます。そうなったら大丈夫です。勉強のプリントを見て、「ちんぷんかんぷん」という子がいます。本当にわからないのです。「ちんぷんかんぷん」と言えた子は、そこから徐々に自分を取り戻していきます。
　それから自分のペースならいけそうという見通しが大切です。今の学年の勉強はわからないけれど、２年前くらいの内容ならわかる、ここからならいけそうなど自分で自分の力をわかっていくことが大切です。

4）自尊心とは

　自分の肯定できる面、肯定しにくい面も合わせて受け止める感覚、感情、自己肯定感も含まれる主体的な自己決定、暴力・脅迫・押し付けでない関係。

基本的安全感の確立
（乳幼児期の養育者からの無償の保護・愛・守られ、愛されている感覚）

⬇

自己中心性（自分がすべて中心）

⬇

自己客観視（全体と部分がわかり、客観的に自分をみて分析する力）

⬇

自尊感情（セルフエスティーム　自分が自分であってよい）
自己肯定感（自分の強い所、弱い所も含めて認めて自分が好き）

⬇

自尊心の成長

安心と自尊心は子どもの発達にとって基本的に大切なものと言えます

5）生活面での自立

　一方、生活面での自立という点でいうと、基本的生活習慣として歯磨き、洗面など、自分でできていますか。そして着替え、自分でできていますか。勉強の道具を準備すること、お茶碗を洗ったりすることができますか。ガスが怖いからガスは使わせない。電気が怖いから電気は使わせない。こうしたご家庭もありますが、せめて生活習慣の部分はしっかりさせてあげたいです。

発達と学力

①　環境要因の整理

　少し学問的な内容になりますが、発達に関わる「環境要因の整理」について考えたいと思います。

　人間の発達は、発達の「源泉」と「原動力」の相互関係で成立しています。この説で言うと環境要因は発達の「源泉」になります。環境要因の内容としては、▽親の子ども理解▽親子関係・家族関係▽兄弟・姉妹の緊張関係▽友だち関係▽興味▽生活の広がり▽学校の体制などです。つまり、勉強ができるか・できないかでなく、ここまで生きてきた生活経験、「生育歴」が発達に大きく影響するということです。今日、環境要因の一つとしての学校の体制が非常に問題です。先生の数が足らないままに1学期が終わることが多いです。先生の数が足りないから、特別支援学級の先生をクラス担任にする。特別支援学級に穴が空きます。特別支援学級の先生が足りないから、講師の先生を雇うなどです。その講師も簡単に見つかりません。やっぱり学校には、十分な先生の数とゆったりした時間の配分が必要です。

　もう一つは先生の資質の問題があります。これも大きく取り上げられています。子どもを十分理解する立場にたつ先生がたくさんほしいです。先生は案外賢い子どもが好きなのです。「先生は賢い子が好き」ということを子どもが感づくと、子どもは先読みして、きちんとするのです。先生としては気持ちいいものですが、しかしこれは教育ではありません。

環境要因を考える
・親（両親）の子ども理解（親子関係・家族関係）
・兄弟姉妹間の緊張関係
・友だち関係
・興味
・生活の広がり
・学校の体制　教師の性格・資質

手立て
・環境要因への解決の見通し（時間的・質的）
・発達（内的な発動・自己運動・発達の原動力）の土台への働きかけをする

その土台が⇒安心と自尊心

・落ち着き・気持ちの安心・安定の獲得とわかりたい・やってみたいという興味と意欲の形成を課題とし、この中に個別スキルの指導を統合するという問題です

②　環境要因への解決の見通し

　環境要因への解決としては、時間的にどうなのか、質的にはどうなのかという考えが必要です。すぐに解決する問題、すこし長期的な時間が必要で質的な問題があります。

　そしてもう一つ大事なのは、発達ということです。

　発達とは内的な発動で、自分のなかで「やりたい・やりたくない・やっぱりやろう」という自己運動という視点が大切です。これが発達の「原動力」です。この土台に働きかけることが必要です。この力は、安心と自尊心を育むことでつながっていきます。

　落ち着き・気持ちの安心・安定の獲得とわかりたい・やってみたいという興味と意欲の形成を課題として、このなかに個別スキルの指導を統合させるのです。非常に難しい課題ですが、そこができないと教育になりません。大きな取り組みに挑戦する中で、あなたは〇〇が得意みたいだから、この部分を進めたら、というように小さな課題に取り込んでいくということです。

　学力とは何でしょうか。学力の要素は、▽数的事実▽言語的事実▽社会的事実▽科学的事実があります。数的事実ですが、それは $2+3=5$ でなくてはならないのです。言語的事実も正しい言葉と正しい内容をつないでいかなければなりません。そして、こういうことが事実の定着をもたらします。そのためには暗記力と記憶力が非常に大事です

が、記憶力が弱いのが発達障害の子どもです。事実をつなぎ合わせて本質に迫っていきます。計算できる、話すことができる、そしてそれがわかることにつながらなくてはなりません。意味がわかる、気持ちがわかる、道理がわかる、そこが大切なのです。発達障害の子ども達の支援の基軸になります。

「学力」とは？　図に示すと以下のようになります

・数的事実　・言語的事実　・社会的事実　・科学的事実

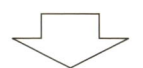

・事実の定着　・暗記　・記憶力

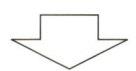

・事実関係をつなぎ合わせて本質に迫る力

「できる」　⇒	「わかる」　⇒	「考える」
・計算できる	・意味がわかる	・自分なりの考え
・話すことができる	・気持ちがわかる	・他者との比較で考える
・読み書き	・道理がわかる	

⑥ 特性を持ちながら 人間として成長していく

○「当面は援助を必要とすること」と「発達」との整理

自分でできること
生活　学習

手伝ってもらってできること
対人関係　自我

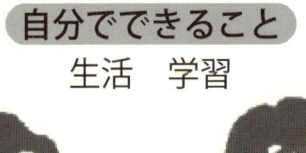

○長い見通しの発達と今の位置づけ

生活力　学力　　コミュニケーション力　　行動力

○本人の自覚

自我の発達　　自己意識　　自己客観視

32

特性を持ちながら人間として成長していく

① 当面の援助と発達との整理

　いろいろできないことがあり、そういう特性を持ちながら人間として成長していきます。その時は大きな発達との関係で見ることです。当面の援助が必要なことと発達の関係を見ることが大切です。当面、生活のなかで自分で、できることは何か、手伝ってもらいながらできることは何かを見極めます。「謝りに行きたいけれど、よう行かん。先生付いて行って」と子どもが言ってきたとします。先生に援助を求めているわけです。その時先生は、「いいよ、付いて行ったるよ」と言いましょう。

　こうした言葉かけが大切です。あとで「よく言えたね、えらかったね」の声かけも忘れずに。手伝ってもらいながらでも「できる」という経験を増やしていきましょう。

② 長い見通しの発達と今の位置づけ

　次は、長い見通しの発達と今の子どもの実態との関係、位置づけです。
▽生活する力、つまりクッキングが得意だったり、まとめたりする力のことです。
▽コミュニケーションの力、だれとでもしゃべれる、すぐ仲良くなれるのも大事な力です。
▽行動力も大切です。

③ 本人の自覚

　そして本人の自覚です。自我の発達、自己意識・自己客観視です。これが非常に大事になります。「周りとは少し違うけど、まあいいか」「自分なりに、よくがんばったよな」と思える力です。

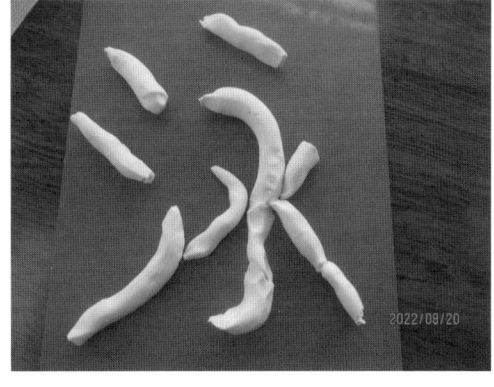

自分の人生を切り開く力

自分の人生を自分の力で切り開いて、生きて行くためには、大きな意味の状況判断（意味理解　どう生きるか）が大切で、小さな状況（発達障害）はたいしたことではない、生きて行く上で多少の不便さはあるにしても、生き方に大きな問題はない

明日に向かって　自分なりにがんばっていることが大切

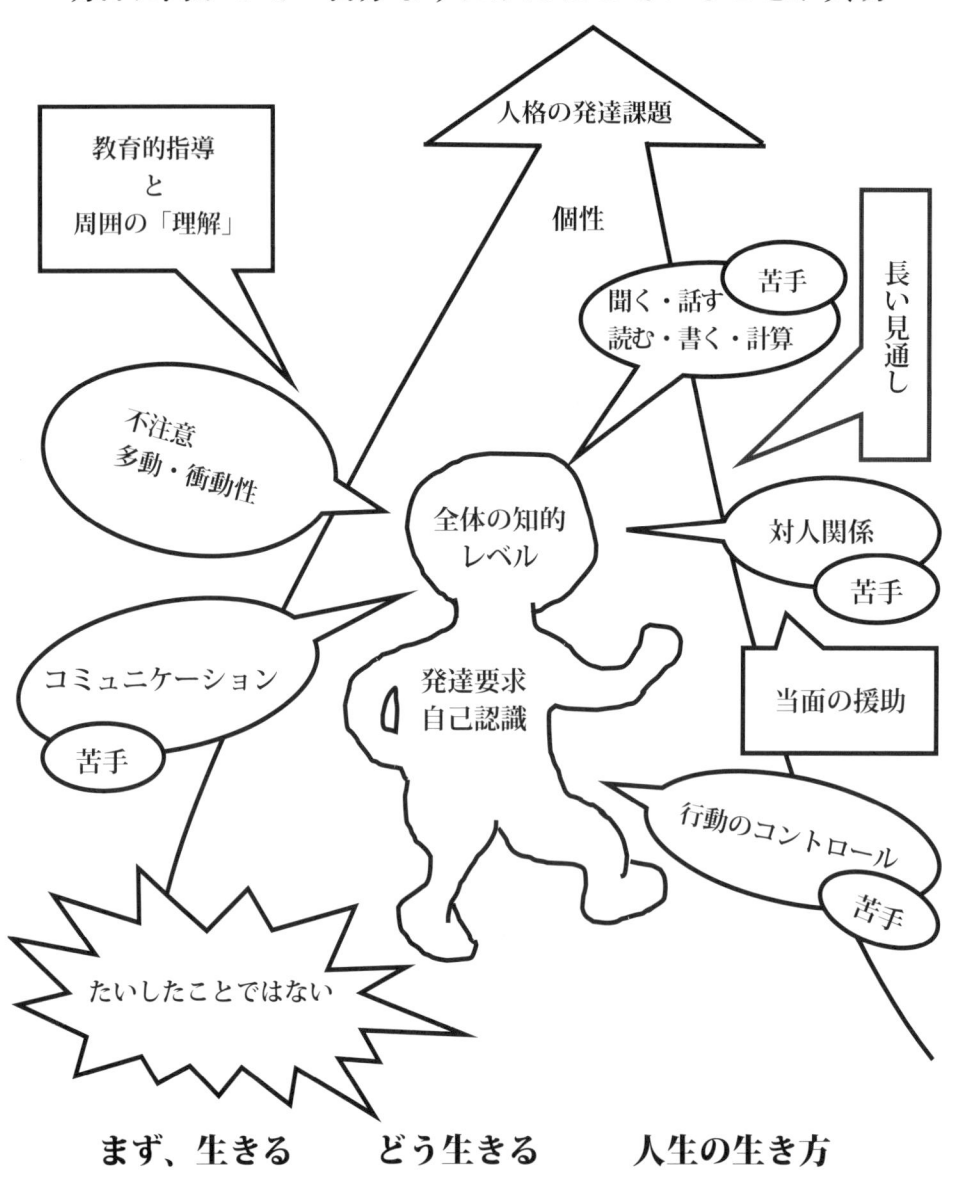

まず、生きる　　どう生きる　　人生の生き方

「まず、生きる」「どう生きる」「人生の生き方」という角度で発達障害の子ども の人生を見てみましょう。個人のレベルでは、全体の知的レベルは大きく左右 する要因です。加えて発達要求です。自分についてどう思っているか、人格の発 達課題に向かって、自分の個性をどう伸ばしていくかです。不注意や多動・衝動 性がある、コミュニケーションが苦手、対人関係が苦手、行動のコントロールが 苦手という特性があるのですが、これらは「たいしたことはない」と子ども達が 思えるかどうかです。

　そしてこうした苦労は、周囲の「理解」と学校の教育的指導のもとで、大人か ら当面の援助を受けながら乗り越えられる問題です。つまり、人格の発達課題に 向かう長い見通しにおいて、個々の障害はたいして意味を持ちません。

　本人にとって発達障害が「たいしたことない」と思えるかどうかが大きな分岐 点です。

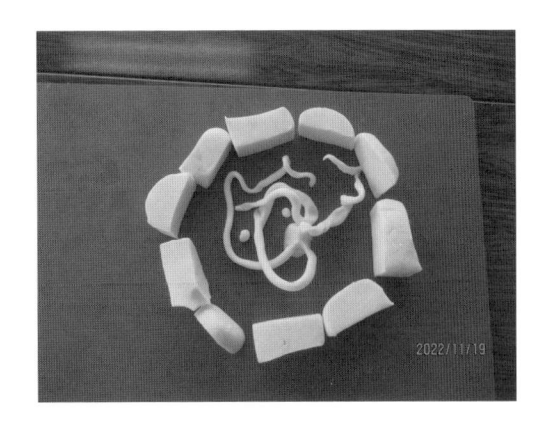

ちょっと整理してみよう

❶みんなまじめでがんばり屋さん

○文字が覚えられない

書き取りテスト
前回はできたのに
あれ？
今日はできないな
・前回は「百」で○
・今回は「首」で×
・次回は「百か首のどっちか」
間違った文字も覚えられない

失敗するのが怖い…
うまくできない…

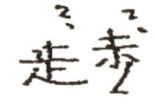

文字を見るといつも間違えそうになるので不安になる
・「頭」と「顔」は旁が一緒でややこしい
・「姉・妹」どちらが「あね」でどちらが「いもうと」？
・門→門→門→門→門 3回以上書くとややこしい
・大？犬？太？どのバージョン？
・「大い」→「でかい」？

一度覚えても
すぐに忘れてしまう

うまく言葉で言えなくて
ついつっぱってしまう

**これらは 文字や数字を見ると起こる
自分への不安と緊張と混乱の姿なのです**

○ちょっと整理してみましょう

　読み書きについてですが、やはりみんなまじめで、がんばり屋さんなのです。でも文字や数字を見ると不安と混乱を起こします。決して怠けているわけではありません。それは本人の特性なのです。

何をするにも、いつも
びくびく自信がない

絵もうまく描けない
（絵も下手）

なまけていません

まっすぐ線を引こうとしても
曲がってしまう

九九は覚えているけど
いつ使うのか自信がない

字がうまく書けない
（字が下手）

工作もうまく作れない
（はさみ・カッターを使うのが下手）

単位の換算が難しい
1cm＝100mm？
1m＝100cm？
1km＝100m？
mm（メートルメートル）？
と読まないの？

これらは本人の特性なのです

　勉強ではどんな苦労をしているでしょうか。何をするにも、いつもびくびくしていて自信がありません。人によって違いますが、絵もうまく描けません。まっすぐ線を引こうとしても曲がってしまいます。はさみやカッターを使うのが下手で、工作が苦手です。算数では、九九は覚えているけれどいつ使うのか自信がありません。時間・時刻の理解が難しいです。１ｃｍ＝１０ｍｍなどの単位の換算は難しいです。

❷こんなところで苦労しています

○概念化・抽象化（意味をイメージすること）が難しい

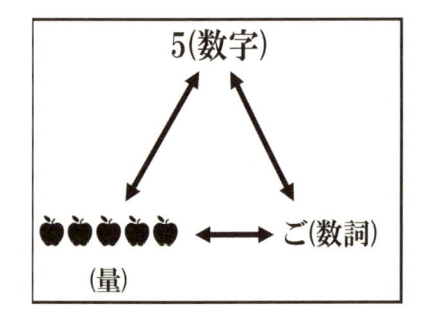

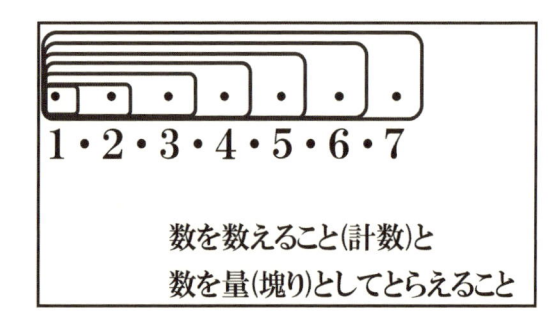

数を数えること（計数）と
数を量（塊り）としてとらえること

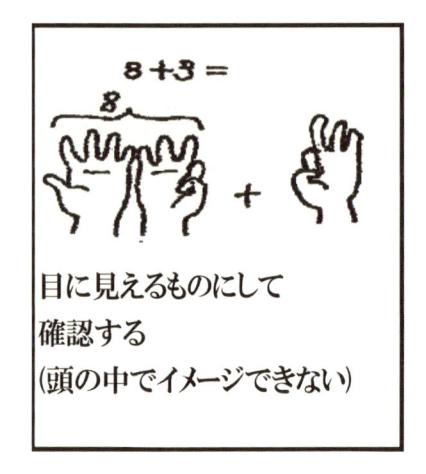

目に見えるものにして
確認する
（頭の中でイメージできない）

○時刻と時間の違いが難しい

10 時 10 分前って？

分針が前にいくか後にいくかわからない

　国語では、書いてあるものを読んでイメージできません。感想文や作文が苦手です。文章題も苦手です。そして、他人の感情・思い、自分の思い、暗黙のルールについての理解が苦手です。自閉スペクトラム症のお子さんに多いです。

○見取り図

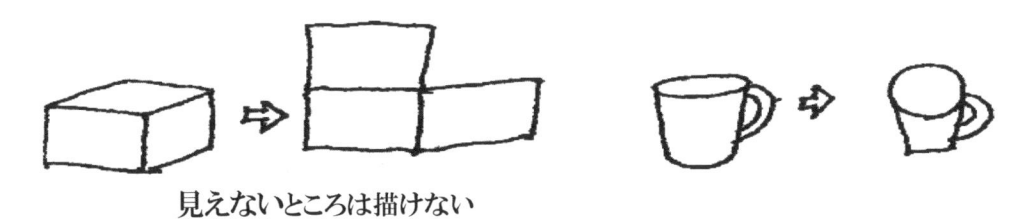

見えないところは描けない

○書いてあるものを読んでイメージできない

・文章題が苦手

・合わせて

・あと何個？

・後ろから何番目？

・はじめはいくつ？

・前から○個

・絵や図にして考える
・目に見えるものにして確認する

○他人の感情・思い・自分の思い・暗黙のルールが苦手

○知らないこと・経験していないことに関心がない

　さらに知らないこと、経験していないことに関心を持ちにくいです。「能登の地震、大変やったな」の話し掛けに、「行ったことない」と返ってきます。

　「たくさん亡くなったな」にも「私と関係ない」という風になります。なかなか他人の心を思いやることが難しいです。

英語なんて　わけわからんワ！

日本語だったら
🍎 意味

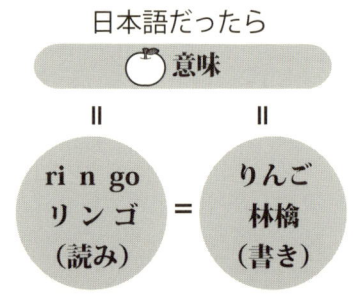

= =

ri n go
リンゴ
（読み）
=
りんご
林檎
（書き）

英語だったら
🍎 意味

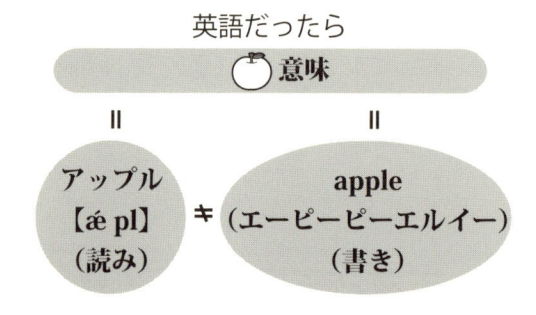

= =

アップル
【ǽ pl】
（読み）
≠
apple
（エーピーピーエルイー）
（書き）

あ

レターネーム　「あ」
（文字名）
レターサウンド　「あ」
（発音）

※どの位置に書かれていても
　読みは同じ

A

レターネーム　「エイ」
レターサウンド「ア・エイ・オ・ウ・エ」
apple　　　アップル　（りんご）
April　　　エイプリル（4月）
Australia　オーストラリア

日本語に読み書き困難があると3年生の
ローマ字学習でつまずく。ローマ字はア
ルファベッドを日本語読みにする日本語。

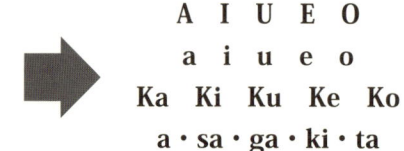

A I U E O
a i u e o
Ka Ki Ku Ke Ko
a・sa・ga・ki・ta

ローマ字が読めていれば英語になっても少しは読める

hat ⇒ハット○　　　hit ⇒ヒット○　　　hot ⇒ホット○

しかしこれで大混乱する

name ⇒　× 「ナメ」
　　　　　○ 「ネーム」（名前）

one ⇒　× 「オネ」
　　　　○ 「ワン」（1）

　アルファベット障害というのがあります。英語の「a」は、apple（アップ
ル）、april（エイプリル）、Australia（オーストラリア）のように読み方が違っ
てきます。同じ「a」で読み方が違うのです。そこが難しいです。「英語なんて、
わけわからんわ」ということになります。小学校3年生のローマ字でつまずく
子どもが多いです。ローマ字の学習は簡単に済ませるのではなくて、丁寧に取り
組むことが大切です。

話せるだけ、まだましか？

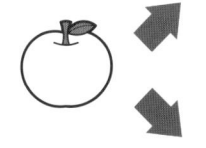

外国人が発音する ➡
> 何を話しているかさっぱりわからん
> （耳から情報を取るのが苦手）
> でも「apple」を見たらわかる
> （目から情報を取るのは得意）

外国人が発音する ➡
> 上手に真似て発音できる
> リスニングは得意
> 　　　　（耳から情報を取るのが得意）
> でも「apple」を見ても読めない
> 　　　　（目から情報を取るのは苦手）

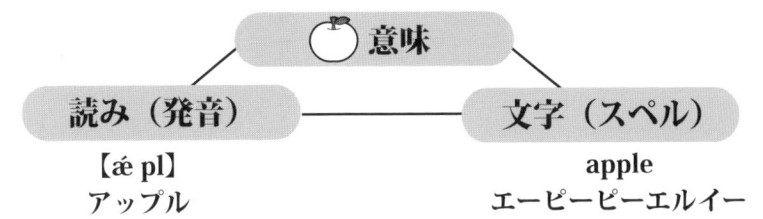

🍎 意味

読み（発音） ── 文字（スペル）

【ǽ pl】　　　　　　　apple
アップル　　　　エーピーピーエルイー

文字レベルのしんどさ

a	b	c	d	e
u	d	ɔ	b	ə
p	q	v	u	r

bed ⇒ deb
v ⇔ w
name ⇒ mane

単語レベルのしんどさ

長い単語　January　dictionary　絶対無理！！

文法レベルのしんどさ

日本語　私は　少年　です
S ＋ O ＋ V
（主語）（目的語）（動詞）

英語　私は　です　少年
S ＋ V ＋ O
（主語）（動詞）（目的語）

　もう少し英語学習について話しますが、耳から情報を取るのが苦手な人は、何をしゃべっているかわからないけど文字を見たらわかる、耳からの情報を取るのが得意な人は、リスニングが得意です。しかし、文字を見ても何を書いているのかわからない。これはアルファベット障害です。長い単語は無理です。日本語と英語の文法の違いを理解するのも困難です。こうした特性のある子どもにどうやって英語を教えるのかというのは、日本の教育水準では難しい面があります。

発達障害の「現象」と「本質」の関係

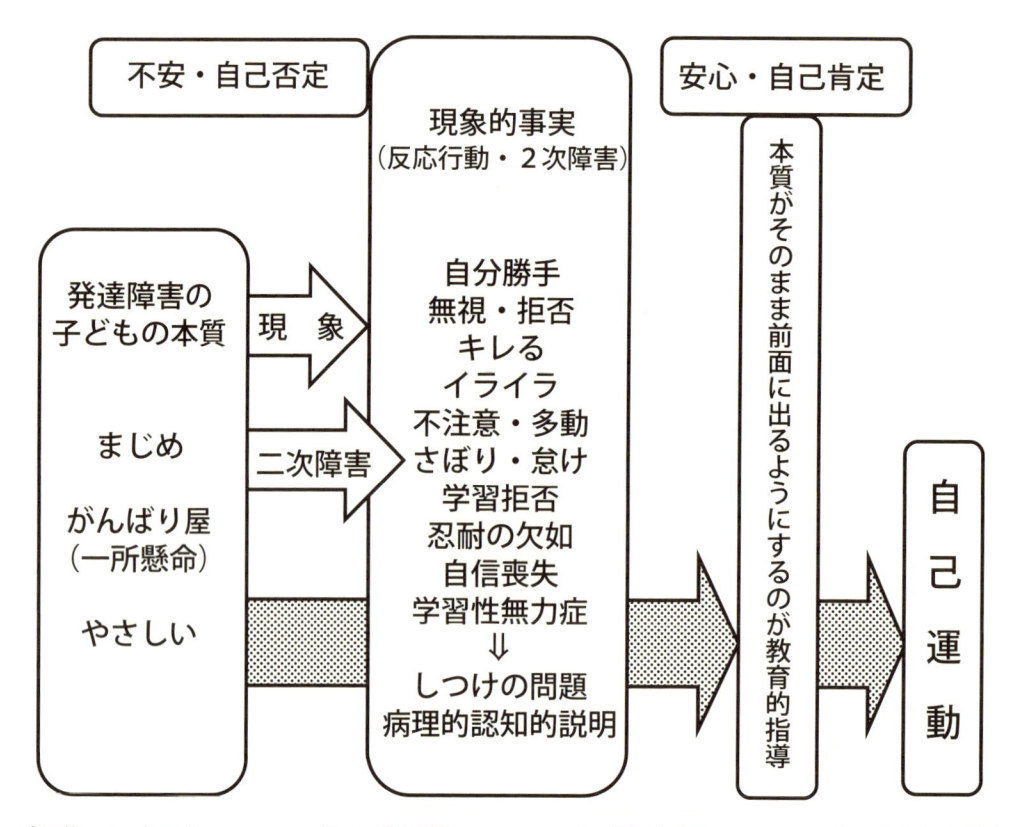

不安・自己否定　安心・自己肯定

発達障害の子どもの本質

まじめ

がんばり屋（一所懸命）

やさしい

現　象

二次障害

現象的事実（反応行動・2次障害）

自分勝手
無視・拒否
キレる
イライラ
不注意・多動
さぼり・怠け
学習拒否
忍耐の欠如
自信喪失
学習性無力症
⇓
しつけの問題
病理的認知的説明

本質がそのまま前面に出るようにするのが教育的指導

自己運動

自我の成長　⇒　自己認識　⇒　自尊感情　⇒　自己肯定感

※　「学び」に対して、心を閉ざしている子ども達には「学びたい」と思えるように
　　なるまで、時間がかかってもしっかり寄り添ってケアすることが必要

　今までお話してきたことをまとめていきます。「発達障害の現象と本質の関係」についてです。子どもの本質は、まじめで、がんばり屋さんで、やさしいのです。

　ところが、現象的な事実としては、自分勝手、無視・拒否、キレる、イライラ、不注意・多動、さぼり・怠け、学習拒否、忍耐の欠如、自信喪失、学習性無力症です。いろいろなかたちであらわれます。これらはすべて2次障害なのです。これは1次障害ではありません。子どもは不安で自己否定のかたまりになっています。この2次障害をなくすというのではないのです。2次障害の姿は子どもの本質ではないので、支援は2次障害を減らす、なくすというのではないのです。先にお話ししました、本来子どもが持っている力、子どもの本質がそのまま前面に出るようにするのが教育的指導なのです。子どもには安心と自己肯定感が必要です。子どもの内面に安心感、自己肯定感が育つと、自己運動が起こってき

ます。自己運動というのは、「自分からこれやってみるわ、これするわ」ということです。そのためには、

自我の成長⇒自己認識⇒自尊感情⇒自己肯定感がとても大事です。

　それから、「学び」に対して心を閉ざしている子ども達は、不登校や読み書き障害の子ども達に多く見られます。「学びたい」と思えるようになるまで、1～2週間ではなく、3～4年の単位ぐらいでの時間がかかります。しかし、時間がかかってもしっかり寄り添ってケアすることが必要であり、教育的指導の大事なところだと思います。

東大阪キッズ相談＆学習室の 17 年間
親と子ども達との学びから見えてきたこと

それは、以下の 5 つのことです。
① 　人はその人生を終えるまで発達する
② 　親が変われば、子どもも変わる
③ 　発達の源泉としての取り巻く環境（家、学校、友だち、クラブ）等は本人が安心できる場所であること
④ 　安心感のなかで、子どもは心を解放し、本人が自分の自己認識を深め、客観性を持つ、自我の成長、自分の得手・不得手についてわかり、そして自ら自己運動を起こす
⑤ 　最後に自己運動を起こすまで待つのです。「待つ！！」これが大事なのです

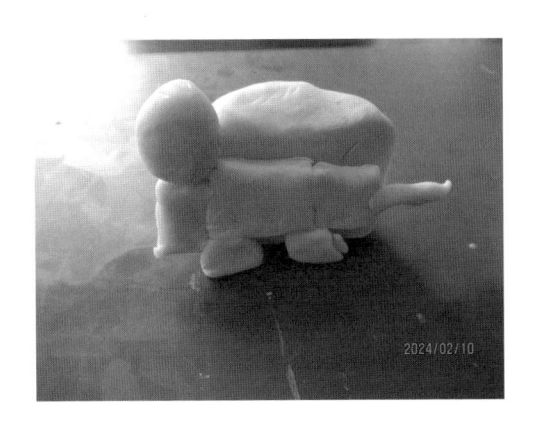
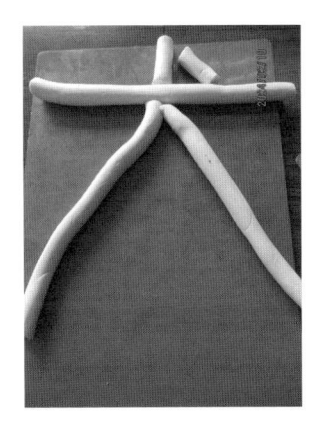

第 2 部

発達に特性のある子ども達の
理解と支援

——15 年間の実践のまとめ
事例集 16 例

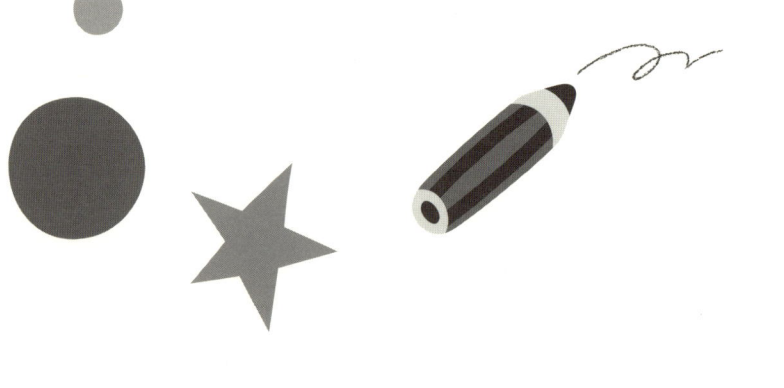

この 15 年間多くの LD の子ども達と学習を進めてきました。一人ずつどの子も個性的でその発達過程には様々な筆舌に尽くしがたいドラマがありました。

現在も発達途上中でありますが、その中の事例を 16 人に絞ってまとめました。

（2022 年 7 月当時）※キッズ歴の下線はキッズ卒業生

事例A　　現在　アニメカレッジ専門学校 3 年　　キッズ歴 9 年

小 1 で、国語の教科書が読めるようになりたいと、母に連れられキッズに来た。

対人関係がしんどくて、自己紹介の場面で無言になることが多く、人と話すのは苦手だった。本人の頭の中ではいっぱい喋っているが、皆の前ではすぐ言葉が出てこなかった。漢字は「広島県」が「広鳥県」。「鹿児島県」が「鹿児鳥県」になっていた。キッズは一回も休まず、小 6 で電車や自転車を使い一人で来れるようになり、少しずつ自信が付いてきたようだ。キッズに来る時、駅を乗り越したが持っていたお金で駅員さんと話して、上手く切り抜けたこともあった。雷が怖くて、ゴロゴロ鳴ると、机の下に隠れ「お母さんに迎えに来てもらって」と震えていた。中学になっても、学習したことがなかなか思い出せず、暫くしてから思い出すようであった。テストになると、問題の多さに、「見ただけで頭の中が真っ白になってしまう」と話していた。高校卒業後、アニメの専門学校に行っている。バイトをしたいがなかなか決まらず苦戦している。

事例B　　現在　通信制高校 2 年　　キッズ歴 7 年

幼稚園の頃から行動も思考もゆっくりだった。学校の宿題ができていないと、休み時間もやらされ、それでもできないと、放課後残って、できるまで帰れなかった。親もその時は、宿題だけはさせたいと思っていたようだ。小 3 で不登校。それ以後中 3 まで、7 年間、学校にはほぼ行けなかった。しかし、週 1 回のキッズはほとんど休まずに通った。文章を読むと内容は理解できたが、書くのは難しかった。計算障害が深刻で、最後まで九九は苦手だった。立式まではわかるので、計算は、計算機を使った。英語も少しずつ進めた。S・V・O の関係を説明し理解すると、「こんな大事なこと、もっと早く教えて欲しかったわー」と言った。中 3 から通信制の中学校対象の学習に参加した。義務教育が終わるに当たって次の学校を探した。

親は「小中高の 12 年は心身共に成長する子ども達にとって、余りに長い時間です。その間に大人の無理解、押しつけによって自己肯定感が低くなり、心に深い傷を負い、生きる力を奪ってしまうことだけはないようにサポートすることが、子ども達に対しての大人（教師も親も）の最も重要な務めだと、学校を拒む 3 人の我が子の側にいて痛感しています」とも言っている。

事例C　　現在　大学1年　　　　　　　　　　　　キッズ歴8年

　小学校入学後、学校の先生から「お子さんは文字が書けません。家で教えてください」と言われて、キッズに相談。音韻障害があり、「よかった→よかた」になっていた。キッズでの学習では周りの友達に優しく接していた。親は「学校は暴くだけ暴いて、後はほったらかし」と嘆いていた。

　中学入学に対して、筆者が学校に行って説明する。個別の支援計画の作成にあたり、親が学校でできそうな課題「テスト時のルビ振り・拡大コピー・特別支援学級での学習の時間・別室での抽出学習・入り込み」等を文書で確認し、校長の確約を取った。内容が不十分な時は、合理的配慮が不十分として、個別の支援計画に「判は押さない」と言ってがんばった。クラスの友達に「いつもどこへ行くの？　何で皆と一緒に勉強せーへんの」と聞かれた時、「俺は支援で勉強する方がよくわかるねん」と返した。

　高校に入ると、1年生はなかなか環境に馴染めずクラブに入るのも苦労した。進学か就職か悩んだが、高校の担任がよく面倒を見てくれた。3年間皆勤で上位でがんばり、現在大学に進学し電気工事1級の学科試験に合格したようだ。母親は「人よりゆっくりで一度に色々なことはできないが、辛抱強く見守りたい」と話している。

事例D　　現在　大学1年生　　　　　　　　　　　キッズ歴9年

　姉がキッズに来ていた関係で、小1からキッズに来るようになった。元気で明るく、誰とでもよく遊び、宿題は面倒でもやっていく、やさしくて思いやりのある子どもだった。姉が不登校気味なのを見て自分なりにがんばっていた。「姉ちゃんは学校に行かんと暇やけど、僕は忙しいねん。粘土も考えるのが難しい」と言っていた。中学校では、「偏差値の低い学校に行っても意味ない」「クラスの陰のカースト制をなくして欲しい」「中学校の宿題は、9教科の担任が一人ずつ目一杯出すから、こちらはたまったもんではない。先生は"自分達はこれくらいこなしてきた"と押し付けてる」とぼやいていた。英語が好きで、フランス語もしたいと言っていた。

　私学の高校に入るが、連休前の一泊学習が終わると、「もう行かない」と宣言した。自分の思い描いていた学校ではなかったのと、クラスの人間関係が上手くいかなかったようだ。その後不登校になり通信制に転入したが、昼も夜もズーと寝ている生活になった。その間通信制で単位を取ると同時に高校卒業認定試験を受け、学校に行く回数を減らす工夫をしていた。高3の8月から、進学塾に行き受験して合格したものの行かず、十分休養した後は、1浪して今春大学に入った。春の桜の下の写真には優しい笑顔が戻っていた。この間黙って見守り続けてくれた祖母や母への感謝は忘れていないようだ。未だ将来は模索中だが確実に前進している。

事例E　　現在　高校３年生　　　　　　　　キッズ歴８年

（１）　初回相談　７歳　中学校卒業時修了

　相談に至る経過

　地域の「子育て相談」で、筆者が「発達障害児の理解と支援」で講演をした時に、案内のビラを見て、近所の保護者に声をかけられ、一緒に参加した。

（２）　アセスメント、医療他機関の相談歴、診察の有無

　キッズのＫ－ＡＢＣ－Ⅱの検査結果を基に掛かり付けの医療機関でディスレクシア（読み書き障害）とディスグラフィア（書字障害）との結果が出た。

（３）　経過

Ⅰ期　７歳〜１２歳（小学校１年〜小学校卒業）

　小学１年で母親が、本児が書字できないことに気がつき、キッズに相談した。小２の国語で「かさこじぞう」の本読みができていないと叱られ大泣きして帰宅し、その後もシクシクと泣いていた。小２で、すぐに担任と教頭に相談した。当時はLDの名前がやっと知られ出した状態であったが、担任と通級指導教室を担っていた教頭は宿題に配慮してくれた。正式ではないが特別支援学級で個別に対応することを許可してもらい、拡大コピーも準備してくれた。小３で正式に特別支援学級に席を置く。小４で教頭の提案により拡大教科書を使用した。「わぁーこれやったら、よーわかるわ」と喜んだ。小３の頃、スイミングの選手コースに入る。キッズでは、毎回一所懸命に学習に取り組んだ。粘土課題（出された課題をイメージして粘土で造る）には的確な作品を造った。小３から特別支援学級入級で国語・算数を学習した。

　形の大きさのコントロールが困難で、どうしてもマスから文字がはみ出てしまっていた。また、一所懸命書いても、自分の書いた文字も、読めないこともあり、どうにもならない自分を認めざるを得なかった。４年生での拡大教科書を見てすんなり受け入れた素直さ。本児のけなげさに周りも引き込まれ本人の「わかりたい」という願いを実現させていった。クラスでも友達が多くみんなを大切にした。友達はごく普通の対応をしていた。人格的に優しさのベースがある。自分のできなさについて、みんなと同じようにはできないけれど、自分のできることはがんばるがんばり屋さんでもある。

Ⅱ期　その後の経過　　１２歳〜１５歳（中学入学〜卒業まで）

　母親は本児が小５ぐらいから、地元の中学校に支援方法を何回も相談に行った。その結果、中学校では本児のためにプロジェクトチームを作って対応してくれ、それは本児の卒業まで続いた。教科にはTT（入り込み）として特別支援学級担任が付き、板書の代筆をした。本児は負担が少なくて先生の話をじっくり聞けることを喜んでいた。それでもなかなか学習は定着しなかった。ある時、先生も一所懸命教えてくれていたが、

本児の理解が進まないのに苛立ち、「前はできてたよ、何でわからんの？」と言った。その後、心が辛いままスイミングに行って泳いだが、UP（準備運動）の後はゴーグルが涙で一杯になった時もあった。また、他の教師に「前にできてたやん、忘れたん？」と同じことを言われたり、その態度をあからさまに出されたり…「それができたら、ここ（特別支援学級）に来なくて良いねん…来てへんわ！」という思いから、夜、家の風呂場で大泣きし、「学校に行きたくなーい」と叫んでいる。翌朝、「折角、教えてくれてる先生によー言わん。私が引いたらええねんやろ」と言って、登校した日もあった。

中1ぐらいまでは、本児もがんばったらみんなに追いつけるかもと本気で思うこともあった。夜中に突然起きて「私がばかやから、支援学級に行かなあかん。でも支援学級でも勉強ができなあかん。できない自分がおるから余計に辛くなるんや、ほな、自分ができるようになって、賢くなったら、支援学級に行って辛くならんで済むんや」と学習アプリを始めた。みんなに追いつけない自分が嫌で追い詰められていった。

自分が特別支援学級に行っていることを、クラスのみんなや姉の友達はどう思っているのかが気になり、行っていることが恥ずかしいと思っていた。特別支援学級の友達の、ちょっかい行動が認められず、悩んでいた時、たまたま映画『グレイテスト・ショーマン』を観て、「どんな人もできないことやみんなと違っている所がある。どんな人も見た目だけではわからないすごく良い所がある。こんな私はあかんわ…私は見た目や特別支援学級を利用している人ってこんな人と、差別的な感じ方をすることをやめよう‼ こんなふうに思うから自分も、そう思われてるって気になって恥ずかしくて嫌やってん。いろんな人のすごいところやいいところを大切にする人に成りたい。見た目や決めつけで人を見るのはやめる」と自分の考えが間違っていたことと「自分でもできないことがあるけど、自分のいいところもあるはずや、周りを気にするのはやめよう」と自分なりの気付きを母に話した。それから、特別支援学級に通うことは苦にしないように努めていた。本児は「わからん」と言うと、いつまでも同じ説明を繰り返す先生には「あ、そうなんや」とわかった振りをしないと帰れないことも悟ったと言う。本児は、友達が好きで学級会ではいつも自分の意見を発表していた。3年生の時は支援がない高校生になることがとても不安そうだった。

画期的だった本児のためのプロジェクトチームは、本児の卒業で終了した。制度的に存続できなかったのは残念である。特別支援学級でも勉強ができないとダメという、プライドと戦っていたが、たまたま見た映画で自分の価値観を大きく変えることになる。自己防衛のつっぱりがなくなり、内的変化に至り、大きく人格的成長を見せた。発達障害は子どもの人格全体からすれば、ごく一部に過ぎない。人格全体の多くの部分の領域は「正常」である。「できない部分」も含めて自己の全体が見えた時、次のステップに

上がる。

　高校入試での合理的配慮は、中学校時代にいかなる合理的配慮を受けていたかが判断の基準になっている。下記は、高校入試に際して提出するために中学校が実施している配慮事項をまとめたものである。

1.　拡大教科書の使用（国語、社会、数学、理科、英語）
2.　教材プリント、テストの問題／解答用紙の拡大（A4 → A3 程度）（全教科）
　　業者からの購入の問題集も拡大コピーして使用（A4 → A3 程度）
3.　漢字指定免除（全教科）・国語の漢字書き取りテストは、すべて読み取りに置き換え・多くの解答がひらがなになることを全教科担任が容認
4.　テスト時の文字数制限免除（全教科）・多くの漢字が書けないため
5.　テスト時の欄外記入の許可（全教科）・多くの漢字が書けないためと、小さい文字を書くことが困難なため
6.　チャレンジテスト・全国学力テストのマークシート免除（国語、社会、数学、理科、英語）・拡大された問題用紙内に解答用の空間が確保されており、直接解答を記入
7.　テストは別室で実施（全教科）
8.　授業の入り込み支援（国語・英語）・漢字・英単語の読み／書き支援・板書をノートに書き写す際の支援（目の動きが大きくなる書き写しは困難）
9.　抽出にて個別指導（数学）・進度は現状、通常とほぼ同じ・ワークの A 問題など基礎の問題のみ行っており、提出課題も基礎の問題のみ・テストの問題（内容）は通常と同じ

Ⅲ期　16 歳〜現在（高校入学〜現在）

　高校はスイミング関連で入学。コロナで試合は軒並み中止でモチベーションは下がる一方。しかし、学業はテスト 3 週間前から勉強を始める。友達に「そんなん一夜漬けで行けるやん」と言われても「私はこれくらい前から勉強しないと無理やねん」と笑いながら返している。授業も先生の話をしっかり聞いて、先生との応答を楽しんでいるようだ。まじめに高校生活に打ち込んでいる姿を見た担任は、大学に推薦を考えている。母親は本児は文字が書けないだけで、それよりも大切な心が豊かであるので「生きていける」と確信している。

　発達障害の子どもの本質「まじめ・がんばり（一所懸命）・やさしい」が全面に出てきて、自己認識、人格的成長を遂げた時期と言える。自分の特性を隠すことなく、自分なりの学習方法で高校生活も楽しく過ごしているようだ。

　兄・弟に不登校があり、自分ががんばって2人を連れて行こうとするが、最終的には
しんどくなり自分も休みがちになる。自分の友達や兄弟の友達や先生に、彼らが学校に
来ない理由を聞かれたりするのも負担に感じていた。そこをなんとか、自分のペースを
守りながら、学校に行ったり、行けなかったりの毎日であった。小2の時、漢字のまと
めテストで合格点80点を取るまで、先生は何回も同じテストを繰り返し、合格点に満
たないテスト用紙には「不合格」と書いた。友達に漢字の書けないことを知られるのが
嫌で、3回目は学校を休んだ。見かねた母親が学校に子どものLDを訴えに行くが「皆
努力しています。本人ががんばると言っています」と聞く耳を持たず、プライドの高い
本人は親に「いらんこと学校に言いに行かんといて！」と反発した。筆者が学校に本人
の書いた漢字を見せてLDの説明をしようとしても、「これだけでLDと判断できませ
ん」と校長以下関係の教師が全員否定した。その上「どんな学習をすれば良いか教えて
欲しい」とまで言った。キッズの粘土課題では、手先が器用で完璧な作品を造ってい
た。アトピーがひどくてスイミングは辞めた。

　高学年で久しぶりに登校すると、友達に「何や、学校休んでサボってんのか？」と言
われたときに「あんたも休んだらええやん」と言い返した。すると「俺は学校は休まへ
ん。だって、学校は面白いもん」と言った。友達と遊ぶことが大好きで学校に行くけれ
ど、漢字が覚えられず、勉強は嫌いで興味がない。面白くないことを誰にも理解しても
らえないまま小学校が終わった。でも体操クラブは続いていた。中学校に入り、勉強が
一段と難しくなり、更に学校に足が向かなくなる。中学校の先生が、子どもに寄り添う
姿勢は小学校よりは感じられるが、親は「LDの子どもに対して、学校の現行の教育シ
ステムは残念ながら期待は持てない」と言っている。

（1）　初回相談　8歳　小学校卒業時終了　12歳3か月
　相談に至る経過　地域の「子育て相談」の講演「発達障害の読み書き障害について」
の学校に配布されたビラを見て母親が参加した。講演の後、子どもについての相談を受
けた。
（2）　アセスメント
　8歳時知的な遅れはない
（3）　経過
・相談に至る経過　初回相談　8歳
　生後すぐに「クレチン症」の疑いで治療をした。その後「一過性 TSH 血症」と言わ

れた。成長して小学校頃に「発達障害」になる可能性があると言われていた。5～6歳頃には、文字、数字に余り興味を示さず、活発で外遊びが多かった。乱視・遠視・斜視があり、人の真似をしないので母は心配して区役所に相談するが「大丈夫」と言われた。入学前に「名前」を書かせたいと教えるが嫌がった。小学校入学、ひらがなは一音一語読み「あ・し・た」となっていた。算数は計算は良いが、文章題は読めない。物語は暗記し、本読みは行飛ばし、読み誤りがあり、書字は鏡文字になった。朝起きて「ウオー」と叫び、「学校に行きたくない」と暴れた。小2になって、漢字が難しく、宿題をしようとするとイライラして切れる。やろうと思うのだができない。漢字の書き順は無茶苦茶で、直そうとすると怒る。本読みは読めなくてもどかしそう。しかし、語彙数は多く、よく気がつき、小さい子にはやさしく、学校以外の生活面では何の支障もなかった。担任に読み書き検査を依頼するが、クラスに5～6人似た子がいるので、大丈夫と言われる。指の先の肉を噛むくせがあった。

・指導過程

I期9歳～11歳（小学校3年～小学5年）

　小2の時「宿題ができていない」と夜中に母を起こして、一緒に宿題をして欲しいと泣きながら訴えた。その様子を学校に訴えても、学校の対応は鈍かった。「学校なんか消えろ！」「死んだる！」「潰れてしまうと良いのに」と言う。母親が、滋賀大キッズカレッジ編「僕、字が書けない」を読んで、「漢字書くのしんどかったなあ」と言うと、「うん」と言った。母親は今までこんな言葉を聞いたことがない、と言った。

　小3の担任は、皆の前で本児にカミングアウトすることを勧めた。当時はカミングアウトすることがはやっていたが、気持ちの整理がつかないままのカミングアウトは止めた。小4の担任も本児の作品を抜いたクラス文集を配り、配慮がなかった。小5で、板書ができないのでカメラで写すことを、先生にお願いしたものの、本児が家に帰っても見ないと言うので、先生も「無駄やから止めましょう」となった。参観では、一文読みの音読をしていたが、どこを読んでいるのかわからず、母親が困っている我が子を見かねて横でルビを振った。宿題ができていないので、学校に行きたくない。行っても授業はわからないので、ズーと寝ている状態だった。先生もどう声かけをすれば良いかわからなかった。「学校は嫌い、中学になったら立派な不良になったるからな」と言っていた。しかし、キッズでは学習に一所懸命取り組んだ。どうしても覚えられないジレンマに苛まれていたが、母親の存在が「心の支え」になっていた。小4の時が一番荒れていた。キッズに来ても、どうしても粘土課題はしたくないと言うので、白紙の紙に、「好きに書き」と鉛筆を渡すと、黒々と大木を描いた。内心の葛藤が現れていたように思えた。小5の時学校の先生と上手くいかなかったので、筆者が「学校に文句言いに行こうか？」と言うと、本児は「来て来て、怒りに来て」と即座に言った。本当に困っていたのである。

Ⅱ期 12歳（小学6年）小6の時

　本児にとって初めて信頼できる教師との出会いがあった。筆者が学校に行き校内のLDの研修会の後、両親も一緒に配慮事項をお願いしたところ、校長も即座にipad 5台の購入を約束してくれた。その後、クラスでカミングアウトした。自分のできないことを友達が知ってくれ、できない所を手伝ってくれることで、心の重荷がとれていった。筆者と両親の学校訪問で、より安心できる居場所・先生の存在ができた。もともとやさしくてがんばり屋で、不安が吹っ切れたら自分から先生に近づいて行き、ありのままの自分を全開させていった。そして本児の心が解放され、行動も主体的になっていった。自尊心を低めることなく、対等に友達と遊び、付き合い、人間的にも大きく成長していった。発達障害の子どもの本質「まじめ・がんばり（一所懸命）・やさしい」が前面に出てきて、自己認識、人格的成長を遂げた時期と言える。その後、中学校への引き継ぎも上手くいった。中1で、特別支援学級から帰ってきた友達が、とても良い顔をしていたので、そんな良い所なら自分もと思い、本児が自分で特別支援学級に入れて欲しいと言いに行ったそうである。

Ⅲ期中学卒業～現在

（保護者からの聞き取り）最近の様子を保護者からの聞き取りから追加する。高校の入試は、キッズからも意見書を出したことから、別室受験と問題の読み上げをしてもらい、地元のエンパワメントスクール（支援教育を行う普通高校）に入学した。筆者に「3年間はがんばるわ」と言った。国語の授業は帰国子女の多いクラスで受けた。高校の授業は面白くないけど「がんばる」と話していたのは、むやみにがんばるというのではなく、一定の余裕を持って「がんばる」ことができている証である。昨春卒業し、中華料理店に就職した。就職が決まったことを、母親に連絡する前に筆者に連絡が来た。覗きに行くと丁度チーフの作業を見ているところだった。目が合うと、開口一番「僕は大丈夫やで」と笑顔で言った。今年も覗きに行くと、重い中華鍋を振って、美味しい料理を作ってくれた。今は立派に独り立ちしている。

［小括］

　幼稚園の頃から、絵本には興味を示さなかった。まじめ・がんばりは、小2の時、宿題ができずに夜中に泣きながら「一緒にやって」と母親を起こしていることに現れている。小4で大荒れ、いくら努力してもすぐ忘れて覚えられない悔しさ、「自分のできなさ」に向き合って、その残酷さを呪い低迷している時に、母と行く月1回のキッズ学習室は、親子の心の癒やしの場になっていた。キッズは、唯一自分を肯定的に受け入れてくれる所であった。「キッズの先生は何で怒らんの？」と母に聞いたそうである。母親が、子どもの困難さを理解し、常に味方になっていたことも本児が自分を受け入れる

ための大きな支えとなった。

　小6の担任が初めてLDを理解してくれ、カミングアウトしたことをきっかけに、自分を解放し自己認識も深まっていった。「不安」が「安心」に、「自己否定」が「自己肯定」に質的な変化をしていった。また、誰にもやさしい人柄で遊び友達は多かった。本来の本児の以前の「やさしさ・がんばり（一所懸命）・まじめ」が一段高い、質的な変化を遂げながら本来の「やさしさ・がんばり（一所懸命）・まじめ」が前面に出て中学校・高校を卒業していった。自分で何とかできるという明るい未来志向的な「僕は大丈夫やで」は、人格の中の核心にある「安心」と、覚悟を前提とする「大丈夫」へ発達の質的転換を成し遂げたことを示している。

 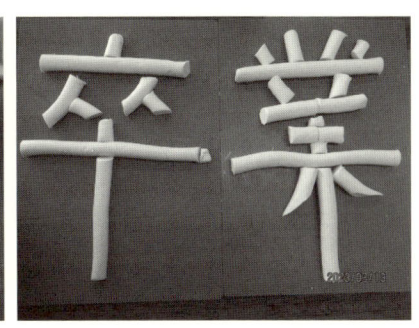

事例H　　現在　支援学校中学部3年　　　キッズ歴2年

　小さい頃から服を着ないまま、よく動き回っていた。幼稚園で色の名前が覚えられず、「ピンク」だけが言えた。行き渋りがあり卒園の前にやっと慣れた。小学校入学1学期から、「読み書き」につまずき、なかなか宿題ができなかった。「怒る、泣く、鉛筆を折る」毎日が大変だった。特別支援学級への入級を希望すると、医者の「診断書」がないと入れないと言われた。病院で「ASDとADHD」の診断書を出すも、担任はそれには気に止めず「1年生はひらがな表を見ないと書けない子が一杯いますよ。1年生はそんなもんですよ」と言った。2年生で算数が全くついていけなくなり、2学期から不登校。大学のセンターの検査結果を見せているのに、校長は「普通ですよ。普通に友達と遊んで、普通に弁当食べました。ひらがな忘れたん？」と堂々と豪語した。

　小4は子どもの気持ちの分かってくれる先生で、少し学校に行けた。小5で家庭科の先生だけが、テスト問題にルビを振ってくれて、良い点が取れた。担任の先生とは上手くいかなかった。小5でキッズに来た。ある日の弟（小2　構音障害）との会話。弟「普通に喋れる口で生まれてきたかったわ」本人「あんたはそう言うけど、私なんか、字読まれへん、漢字書かれへん。計算でけへん。それで世の中に出ていかなあかんねんやからね」と話し、進路は支援学校の中学部に迷わずさっさと決めた。キッズでは、出

された粘土課題をイメージ豊かに、上手に造った。支援学校に入ってから、漢字を覚えたり、計算をしたりするようになった。今は、ローマ字を検索して書くようになっている。支援学校の中3で、クラスの友達を誘って皆で映画を観に行く計画を立てて、成功させている。

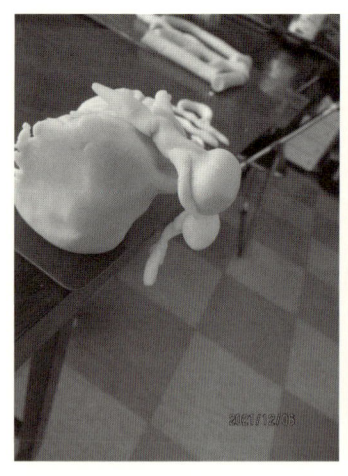

事例Ⅰ　　　現在　小学4年生　　　　　　　　　　キッズ歴2年

（1）　初回相談　7歳〜9歳（小学2年〜小学4年）
（2）　アセスメント　知的な遅れはない
（3）　経過

Ⅰ期　5歳〜7歳（幼稚園〜小学2年）

　幼稚園の頃から、登園するのが嫌で、泣きわめいているのに門の前まで来ると、さっと制服に着替えて、何事もなかったように先生に挨拶できる子どもであった。物事全般的に「自分ができない」と知られるのが嫌で学校ではがんばりすぎ、その反動で帰宅後は、泣きわめく、大暴れする等収拾がつかなくなるほど、外では優等生を演じていた。小1で先生の指示に従わない子に対して、大好きな先生を守るために、注意をしまくって、自分がしんどくなり、座席を最前列にしてもらうことで解決した。読み書き計算の学習が進むと、皆のペースについていけなくなり、小2で宿題を少なくしてもらい、自分から特別支援学級へ行くと言った。キッズの学習では、話や粘土は上手だったが、カタカナはしんどかった。

　検査結果で計算障害が出ていたので、「計算もしんどいのんと違うの？」と言うと、「えー。計算もしんどいと言っても良いの？」と聞いた。「しんどいことは言ってはいけない」の思いを抱えてがんばっていたのである。「算数も良いのなら支援で勉強したい」

と担任に言ったが、LD の理解不足の教師の指導は、余計に子どもを追い詰めることになった。

年少時から低学年までは「こだわり」の強さが優勢であり、子どもの思考はそれを統制する力をまだ持っていない。特性をコントロールできないのである。自己中心性の思いが強く、外では正義感も強く「ねばならない」の意識も強く、家では心のバランスを崩して、大泣きの毎日。筆者が校内研修会で LD の話をしたが特別支援学級担任も ASD のこだわり、LD の重度について本児のしんどさを十分理解するまでには至らなかった。本児自身も毎日が緊張の連続で疲れてしまう。まじめさがこだわりになり、統制する力には「安心と自尊心」が重要になるが、なかなか上手くいかなかった。

Ⅱ期　9歳〜10歳（小3年〜小学4年）

「私は何でこんなに頭が悪いの？　何ですぐ忘れてしまうの？　お友達は皆賢いのに」と、口にすることが増え「自分が恥ずかしく嫌になった」と、小3の2学期から学校に突然パッタリ行けなくなった。キッズでも「何もしない」と宣言した。小4になってやっと気持ちを切り替え4月に登校するが、しんどくなってしまい、再び登校できなくなった。その後、一切教科書を開こうとせず、鉛筆も持たなくなった。今は母に押されてキッズに来て、母の手を握って、母が読む絵本を聞いたり、皆とトランプならできている。また、遠足や運動会の練習等、勉強のない日を選んで、登校を試みている。

自分が学校に行ったら、門を入る所から出る所までを、完全にシミュレーションして、もし、友達が誰も話しかけてくれない時は、「どうする」まで予定を立てて行くので、その通りに行ったとしても、緊張度は MAX だし、その予定が失敗でもしようものならまたしんどくなる。どっちになっても、本人のしんどさは MAX なのである。1日登校したら、疲れて2週間は登校できないことの繰り返しになる。本児が遠足の日に登校すると「イベントの時だけ来るねんな」と、友達に言われ、また学校に行けなくなった。本児は本当は学校に行きたい、友達と遊びたい、勉強もしたいのである。

「行きたくても行けないしんどさ」、「まじめさやがんばり」は、あきらめと拒否反応の影に隠れている。最近、本児が母に「小さい時、お母さんが困ったことはどんなこと？」と聞いたようだ。母は「こだわりがきつくて困った。服のボタンをはめているとき、下の方ではめ間違いをしても、上の一からやり直しをしないとだめだった。今でも少しあるよ」と話ができた。自分の中で葛藤しているのがよくわかり、自己客観視ができつつある時期に入ったようだ。今はみんなと一緒にすることより、自分の好きなことをして楽しめる毎日を一所懸命生きている。

運動会のスナップ写真を撮るので、登校して欲しいとの担任の誘いに「自分のために待っている人がいるのに、行かないと悪い」の思いで「登校する」と答えてしまうが、やっぱり行けなかった。「本当に写真に写りたいのか」と、母と話し合う中で自分の気

持ちを優先する方を選べた。今までは、周りに合わすことを優先してきたために、本児がしんどくなってきていることがわかっていたので、母も本児が自分の本当の気持ちに正直になることが大切と話している。本当の自尊心は「一番になりたい」自分、「勝ちたい」自分、「周りを支配したい」自分からの脱却と自己認識の獲得を通じて形成される。苦しい自己と向かい合い、その矛盾・葛藤に打ち勝つことで、自尊心は形成される。本人の「こだわり」はまじめさの表現である。発達に伴って自己のこだわりの内容を承認し、思考による統制が長い時間はかかるが可能になるよう、今は模索中と言える。

[小括]

　幼児期より完璧主義で、こだわりがきつく、全て命令をしないと気が済まなかった。小学校もその延長できたが、小3で破綻し不登校になった。

　本児の「まじめ・がんばり（一所懸命）・やさしい」は、自分に何が求められているかがわかるので、それに応えるべく周りに合わせてがんばってきた結果である。今は自分の思いを大切にして行動することを重視している。また、苦手なことは避けるという意味で学習については一切触れていない。

　現在、学校を休んで、母と一緒に外に出かけて楽しんでいる。2次障害の真只中、そのしんどさを理解してくれる家族やキッズに支えられ「できないことは仕方ない。自分なりのやり方でやっていくしかない」と思える日が来ることを信じてただ待つしかないと周りは見守っている。今は自分の思いを優先させて生活し、自分なりにがんばっているのを評価することで内面への思考が深まっているようだ。

事例J　　現在　中学1年生　　　　　　　　キッズ歴3年

　友達や先生とのトラブルが多く、教室からの飛び出しや、けんかが絶えない。
・行動のコントロール・感情のコントロールに課題があり、服薬して様子を見ている。
　漢字は読めるが、書けない。キッズの粘土課題に対して的確な作品を造っていた。「学校で座って勉強してるか？」の問いかけに「座っているかと言われたら、座ってはいるけれど…」と言うので、「勉強は頭に入ってないんやなあ」と言うと、笑っていた。中学に進むと学習が難しくなって、本人も何とかしたいと思うようになっている。

　キッズで学習しても「自分はすぐ忘れるからなあ」と言いながら、学校の先生と上手くいかず、「勉強なんかしたるかー」と宣言している。

7ヶ月648gで早産、超低出生体重児で誕生。小さい時から人との関係が希薄で、自分が阻害されていることに気付かず、阻害されていても気にならない。小学校でバレンタインデーにチョコを友達と交換した際、食べてみたら固かったので、友達に「固いから返す」と言って返した。それを聞いた母親が後で、慌ててお返しのチョコを持って謝りに行った。本人は、「固かったから返しただけ」と言う。指摘されてもうなずくだけだった。

手伝いも言われたことはするが、そこで終わってしまう。キッズの粘土では具象課題はできても抽象課題はイメージが広がりにくい。物語文での主人公の気持ちの読み取りが苦手で裏の意味の読み取りは困難だった。中1では、英語は好きだと言っていたが、中3では言わなくなった。最近、中2の同窓会「カラオケ・焼き肉」に希望して参加したが、カラオケの途中で、自分は場に合わないと判断して途中で帰って来ることができた。少しは場の空気が読めるようになってきたようだ。また、手伝いは一回ずつ言わなくても自分で考えて手伝う範囲が広がってきた。ほんの少しずつだが心の成長が感じられる。キッズの課題には前向きに取り組んでいる。

事例 L　　現在　高等支援学校2年　　　　　キッズ歴7年

母親からの聞き取り（第2子）

- 妊娠12週目、頭の後頭部に浮腫が見つかる。医者から「ダウン症になるかもしれない。どうしますか？」と言われた。普通に過ごしていたので、ショックで悩みに悩む（今でもダメで…涙ぐむ）。「どんな子でも授かった我が子。育てていきたい。産みます」と言った。
- 妊娠6ヶ月で、医者から「ダウン症の陽性検査をしますか？」と言われた。決意をしたのにまた？　母子ともに危険があるのに……検査は止めた。心配と不安で夫と揉める。
- 出産　38週2880g（保育器に1日入る）母の骨盤が少し狭く、へその緒が首に巻き付き子宮から出かかっている。このまま出れば、首が絞まって、命が亡くなる。急遽、帝王切開になった。生まれて母の頬にくっつけただけで保育器へ。母は恐る恐る「ダウン症ですか？」医者は「顔を見たらわかるでしょう。違います」ほっとするも2日目から母乳を与える。後はミルクと混合になる。
- 1歳半健診　「目が合わない」がクリア。
- 3歳半健診　何か兄と違う、よく寝る、手の掛からない子だった。
- 身体・ことば　　順調に成長　スプーン・箸も使える　食欲もある。

返事はするが、反応はゆっくり。目が合わない。

じっとしていない。食事中でも立つ。迷子になる。親がいなくても気にならない。

幼稚園２年保育

- ・4歳1年目　座れない。遊戯会は自分の出番のみする。物を振り回して人に当たる。押す。すねることもある。
- ・5歳2年目　園が本人の取り組みとして「朝、登園した時の仕事ができたらシールを貼る」を行った。しかし、参観に行っても自由にしている。本番には強い。夫は「ダウン症でなくても心臓が悪くなるかもと医者が言っていた。何かあるのではないか？」と心配した。母は発達障害について何も言われていないし、わからなかった。小学校入学前に園長から「小学校に上がるのにしんどいかもしれない。発達検査をしたらどうか？」と言われ、教育センターで検査を受けた。「直感で判断している。処理速度は遅い」と言われた。
- ・小学校に相談し支援枠を使うかどうか聞かれて、支援には入らないことを選択した。
- ・入学前に「チャレンジ」を買って、座る練習も兼ねて取り組んだ。

小学校入学

- ・1年生　担任は新任の先生。じっとできない。友達に手を出す。（指示が多すぎて混乱？）サポートの人（年配の人）に暴言。椅子を振り上げ床に穴を開ける。ガラスを割る。グループ学習中に友達の目の上ギリギリを鉛筆で刺す。懇談で先生から、「発達障害があるので薬を飲んだらどうですか？」と言われる。母親は腹が立って、薬も飲まなかった。
- ・2年3年　担任はよくわかった人だった。
- ・「クールダウン」の部屋ができたので、利用した。
- ・イライラしたら教室の後ろに行き、「紙を破って良い」と言ってもらう。大量の紙が用意された。
- ・学習は予習を中心に「国語」「算数」の参考書を買って乗り切った。九九 OK、引き算の筆算や、割り算が苦手。
- ・2年生から他校の通級指導教室に母と放課後、行き始める。4年生で終了。
- ・排泄は下校時に道端でする。3〜4回友達が教えてくれて、親と本人の2人で後始末に行く。
- ・4年生　朝、登校のため家を出るが、学校から登校してないとの連絡あり。探し回ったが、家に帰っていた。「皆、できているのに自分ができないのはどうしてと？」反発して外へ飛び出す。
- ・学校で、暴言・飛び出しがあり、クラスメイトの親から聞いていたキッズに相談。小

5の秋に「学校に行きたくない」と言って行き渋りだした。母親の聞き取りで、小5の6月から、集団のいじめの対象になり、陰湿ないじめを受けていたことが発覚。精神的に不安定になり全裸になるなどの行為があった。母親は今までいじめられても誰にも言えず、一人苦しんでいたことを初めて知り、事件を遡って詳細を明らかにした。そして母として自分の今までの子育ての仕方を猛省し、学校に訴えた。学校も専門家委員会を設置し対応した。しかし、心の傷は深く、キッズでは「自分の名前が嫌い」「自分の顔が嫌い」「ここから飛び降りたら死ねるかな」を連発し、うろうろと落ち着かなかった。キッズのスタッフと、近くの八幡宮にいったり、畑で棒を振り回したりして気持ちを落ち着かせていた。専門家委員会の提言を受けて、中学の3年間は、個別の部屋で学習し、他児との接触を避けた。そして徐々に自信を回復し、高校は本人に合った学校を選んだ。入学後、色々事件はあったが、その解決に向けての学校の対応で、自分を見つめ直す良い機会になり、現在は落ち着いて登校している。

　本人はこの高校は、「自分とよく似た生徒達ばかりで安心や」と話せるようになっている。また、キッズの学習で「以前は自分を責めてばかりいたので、課題のイメージが何も考えられなかったけど、今は自分を褒めるようになったら、イメージが湧いてくる」「勉強もわかりやすいから楽しい」と自分の言葉で話す等、急激に自己認識も進んできている。以前は不安だった2週間の職場実習も一人で1時間もかけて電車に乗って通い、仕事も覚え「自分も強くなった」と思えるようになり自信がついたようだ。また、「生きてて良かった」とも言うようになっている。

事例M　　現在　支援学校高等部1年　　　　キッズ歴8年

　よく喋り、よくわかっているので、周りもつい信用し、わかっているものとして話しているが、「聞き間違い」や「思い違い」が多くあり、トラブルの原因になる。地域の小学校では、鬼ごっこをしても、足が遅くて、いつも鬼になるので、母に「この手と、この足を換えて欲しい」と言った。また、教室の飛び出し等があって先生によく注意されていた。

　支援学校の中学部に入ると、生徒達がそれぞれ違うので、周りを気にしなくて良くなり、自信がついて落ち着いてきた。自転車に乗れるようになったり、靴のチョウチョ結びができた。先生達も課題に時間を掛けて丁寧に教えてくれた。今は自分の言葉で、状況を話せるようになったり、毎日のマラソンで鍛えられて学年で1位になったりしている。語彙数は少なく、文字を読んだり、書いたりが難しいが、キッズで根気よく学習して自分の学習のしんどさを自覚し、自分なりに改善してきた。高校の進学について、「高等支援は自分にとってしんどい所があるので、支援学校の高等部にしとく」と、自分で判断することができた。反面、「大人になったら、親のマンションの隣で一人暮ら

しして、夜は 100 円持って隣の親元に食べに行く」のが夢と言う。母親は本人と、とことん話し合い、本人の納得の基に全てを決めて行動している。

　現在、高等部でも毎朝先生と一緒にマラソンをして体力を付けている。学習面では「国語」をがんばりたいと言って、宿題も自分から言って増やしてもらっている。「英語」にも興味を持ち始めてきた。

事例N　　　現在　アスリート　　　　　　　　　　キッズ歴 10 年

　生後 9 ヶ月脳腫瘍で手術を繰り返す。右半身麻痺・言語障害・高次脳機能障害がある。地元の小学校入学時は車椅子だった。病院通いで学校はあまり行けなかった。たまに行っても、なかなか馴染めず、いじめの対象になっていた。小 3 で母親が LD を疑って、キッズに相談した。当初は、嚥下障害もあり、歩行も母親に腕を介助されてゆっくりだった。小 5 で病弱支援学校に転校した。中学部は先生方も熱心で、隣にある地元の中学校陸上部で放課後、部活練習に参加できるようしてくれた。健常児と一緒の練習は本人にとって、貴重な体験だった。大阪市障害者スポーツ体験イベントに参加した時に、パラ陸上のコーチに陸上競技をすすめられ、全国障害者スポーツ大会で大阪代表として出場した。

　高校は、知的障害の支援学校に進学したが、体育の授業で転倒し、鎖骨を骨折した。学校側の事後処理が不誠実だったので、以前の病弱支援学校高等部に転校した。しかし、ここでも教師と上手くいかなかった。教師の対応の問題点をきっちりと分析し、意見を持ち、そんな学校には行きたくないと不登校になった。家での陸上の練習は、母が常に見守り進めた。千葉の所属チームから送られてくる練習のメニューを一人でこなす孤独な練習である。同世代の友達と教室で一緒に過ごすことができなかった状態で、キッズは唯一の友達と顔を会わせる場所であるが、集団で学び合え、一緒に遊ぶ経験がないまま現在に至っているのは今後の課題である。卒業後は、アスリートとして、外国での試合も一人で参加できるようになっている。1500 mは日本記録を持ち、過酷な練習に耐えて、今までは「練習は嫌、家でゴロゴロしたい」とぼやいていたのが、陸上クラブの仲間やキッズでの友達の励まし等に答えて、今は前向きな目標を持って走っている。自立支援の障害者センターに通所するようになって、手話も習い出している。

事例O　　　現在　支援学校中等部 2 年　　　　　　キッズ歴 8 年

　幼少から集団は苦手、偏食、多動どこに行ってもすぐに迷子になる。保育園の時にホームセンターで迷子になり、どこを探しても見つからず警察に電話しようとした時に祖母より電話があり、一人で祖母宅に行っていた。大雨の日で傘もささずずぶ濡れにな

り、電車一駅分くらい歩いて行った。車でしか行ったことがなく車道を歩いて行ったようだ。その時、母は心臓が止まりそうな思いだった。事故にも遭わず無事にたどり着いたわが子を抱きしめ号泣した。どうしたら良いか悩んでいた時にキッズとつながることができ、小1からキッズに来ている。

入学しても教室に入れず、特別支援学級担任と校内を徘徊し、特別支援学級を基礎に学習した。通常学級では教室の後ろに段ボールを置いて、そこに入って過ごした。3・4年ではクールダウンをするために段ボールを使った。学校内の学童保育には、人数が多すぎて上手く適応できなかった。

小1から複数の放課後児童デイを毎日利用しているが、少人数のこともありどこに行っても上手く溶け込んで、たちまち人気者になった。学年が上がる毎に、下級生の面倒をよく見て、友達も多い。自分より年下の友達の面倒もよく見ている。しかし、体幹や握力が弱く、ランドセルが背負えなかった。小学校4年まで母親が毎朝、学校までランドセルを自転車に載せて送った。また、自分の好きなことしかしない傾向があり、体育は苦手で、クラスでドッジボールをしても、受けることや投げることが難しく、皆と同じようにできないと、泣いたり怒ったり癇癪を起こしてトラブルになった。その時やっと「自分は受けたいのに、誰もボールをくれない」と、心情を吐露できた。

中学校は遠くまで、重い鞄を持てないとの理由で、バス通学の特別支援学校を選び、現在のびのびと学校生活を楽しんでいる。友達とトラブルになっても、その理由をきちんと伝えられ、解決すると以前に増してその友達と親密になったようである。成長と共に少しずつ落ち着いてきている。キッズの学習では、お気に入りの本を何冊も読んでから、課題に向かっている。粘土課題では自分の持っている世界で作品を造る。高校は行きたいというので、親と協力しながら学習を進めている。少し学習への「構え」ができたかな？と思う場面も出てきている。

事例P　　　現在　通信制高校1年　　　　　　　キッズ歴6年

小学校3年で「誰かが覗いている」と言いだし、昼夜転倒になり、朝が起きられなくなった。LDセンターでLDの診断を受けて学校に提出しても、学校の対応はなかった。特別支援学級での対応を願ったが「もっと重度の人がいるから」と、校長に断られた。「晴れた日は太陽がまぶしくて嫌い。雨上がりの曇っている天気が好き」と言っていた。小4からキッズに来たが、学校には行けなかった。親が出かけようと誘っても、トイレに閉じこもり、出てこられなかった。玄関から出かける時は「右足から出して良いのか、左足から出したら良いのかわからない」と怯えていた。

中学校では「特別支援学級は崩壊しているので、対応できない」と言われた。中2で転校するが、不登校は続いた。学校からは週1回家庭訪問してくれた。夏に母親の

友達と一緒に「しまなみ海道」をサイクリングしたことがきっかけで、少しは外に出るようになった。中3になって通信制高校の中学生対象の学習に参加した。その頃から一人で自転車でキッズに来た。「先生、どうしたら勉強がわかるようになりますか？」と質問した。自己認識が進むと、こうも変わるものかと思うほど自分から学習に積極的になり、高校は自分に合ったところに決めた。入学後、一日も休まずに登校し、レポート制作もキッズに来てしている。忘れることについては「どうしたら忘れないようになるか」を今、悩んでいる。

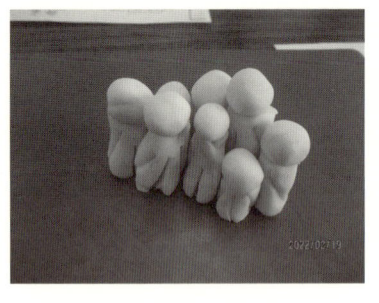
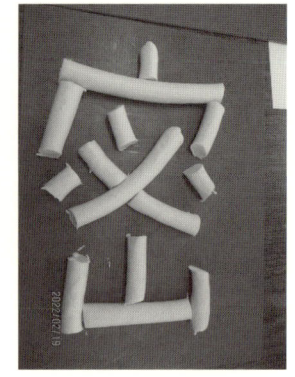

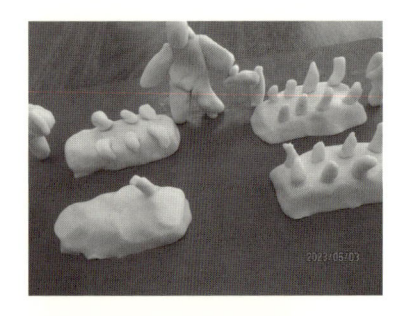

発想豊かな子ども達の作品

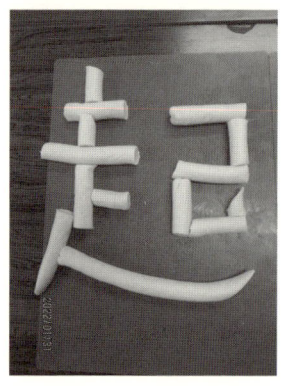
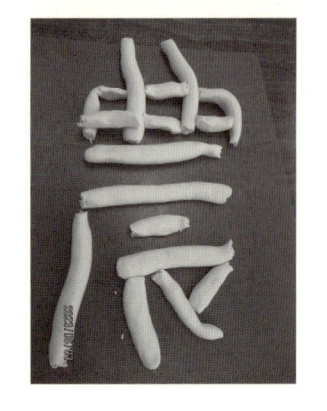
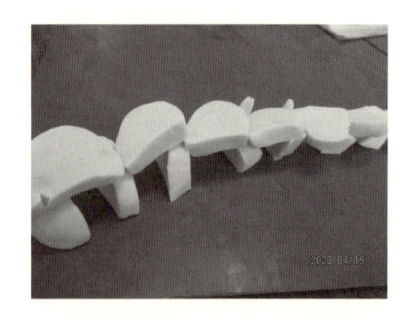

第 3 部

発達に特性のある子ども達の
背景

Ⅰ　発達に特性のある子ども達の時代背景

　大阪府下の本市では、「みんなと一緒」の名の下に、子ども達はみんなと同じ内容の学習を求められてきました。子ども達の「障害」を認めないため、「合理的配慮」もなされません。「合理的配慮」をしないことは、障害者権利条約に反します。

　私はこれを、まちがったインクルーシブ教育と考えます。

　2022年4月文科省通達で、特別支援学級に籍を置くには、「週の授業時数の半分以上」の確保を必要とするとしたのです。今までは、学習時間については親の要望通りになるのが大阪方式でしたが、これで、居場所がなくなる子ども達が特別支援学級を退級させられています。この子らに必要な支援や学ぶ場の保障を求めた保護者らの要求に、府教育委員会は「支援学級へ在籍しないと支援が受けられないということではない。…通級指導教室ならば通級指導教室担当と通常の学級担任が連携を取りながら、子ども達の指導支援をしていくことも大切」と理想論を語るばかりです。教育現場の問題は教師の不足、多忙等山積しています。発達に特性のある子ども達にとっては、待ったなしの厳しい日々の現実になっています。

　この間、厳しい学校現場から閉め出されたLD児の学習の場として「読み書き障害」の学習を主とした東大阪キッズ相談＆学習室では多くの保護者・教師・保育者の相談に応じ、たくさんの子ども達と学習を進めてきました。こうした2007年から始まった17年間の実践を整理し、現時点での問題点を明らかにし、改めて発達に特性のある子ども達の理解と支援について考えました。

Ⅱ　発達に特性のある子ども達の人間観・教育観

①人間はその存在においては完璧に平等ですが、その能力は不平等です。

　　それ故、成人すれば、みんな違ってみんな良いのは当然のことで、それぞれに特性を持ち、個性豊かな人間になっていきます。しかし、学齢期において特性のある子ども達には、脳機能のアンバランス故、特に学習の場には特別な支援や配慮が必要であり、「合理的配慮」は権利です。

②人間は人生が終わるまで人格の完成に向けて発達します。

　　・現状のマイナス（－）と思われる困難さの中にプラス（＋）の可能性を見つけて進みます。

　　・自分が自分の人生の主人公になるように自己決定の力を付けることが大切です。生活の主人公、学習の主人公になっていますか？

　　・今こそ、「人格の完成」を目標とした教育実践が求められます。

　　・人格を持った人として育つために、教員の数や少人数学級等の教育環境、生育歴・

家族の理解・経済的なことと生活環境の整備は不可欠です。

③本来の教育目標の「人格の完成」に向けての教育指導とは

　・人格発達の「源泉」とは、乳幼児期の「基本的安全感」の保障から、安心して自分の気持ちを出せる人や場所の確保です。そのためには環境や条件の存在が大切になります。これが準備されないと、子どもは自己不信・自己否定・不安に苛まれ、現象的事実で「自分勝手、無視・拒否、キレる、イライラ・不注意・多動、さぼり・怠け、学習拒否、忍耐の欠如、自信喪失、学習性無力症」等の反応行動を発し2次障害になります。この2次障害に働きかけるのではなく本質（個別の特性）への働きかけが教育指導です。

④人格発達の「原動力」とは、安心できる人や場所の中で、自己の弱さや、自己不信、不安などに対しての長い教育的取り組みが進められ「自分が自分であって良いこと」や「自分もまんざらでない存在」と認識することや、「自分なりのやり方を見つける」、言い換えると、自分の人格の中心部の中の安心（なんとなくの自信）が、自己否定から自己肯定に変化することで自己認識が深まり、自尊感情が高まったりして、自己運動に繋がっていくのです。自分の中での葛藤・自己矛盾を乗り越えた時、自己運動が発現します。これが人格発達の「原動力」になります。

⑤教育指導はまず、子どものしんどさを理解することから始まり、「粘り強く話を聞く」「自発的行動を待つ」「内面の言葉を聴く」「心の安定を図る」「安心感を引き出す」等の取り組みが必要になります。トンネルを抜けるまでそれは何年かかるかわからないのです。その時、子どもに「学校に行けなくても、上手に言えなくても、書けなくても、自分の弱さや未熟さを恥じることはない」（三木裕和）と応援しつつ、自己認識を深める取り組みを進めます。

Ⅲ　人間観・教育観の達成のために育てたい力とは

①自分の力の限界について、どこまでできて、どこからが苦手か分析する力。また、自分の得手・不得手について自己認識を深め、それはどのようにできないかを自分で確認する力（自己客観視との関係）が大切です。

②自分の得手・不得手等、わかったことや自分の思いを「自分のことばで話したり、絵で表したり、文で表したり」等で伝える力を育てます。うまく伝えられないと荒れて、暴言・暴力や不登校等に現れます。（自我の育ちとの関係）

③できないところへは自分から創意工夫をしたり、他の方法でのカバーを考えたり、他人に任せたりする力を育てます。←ここに教育が援助する（いやな中にいやでない所を見つける力）。

④自分のダメなところも含めて自分が丸ごと好きで、自分もまんざらではないと思う

力。そして自尊感情を保ちながらそれらを乗り越える力が必要です。

⑤できないことは自分が怠けているせいではないと理解する力。

しかし、それには

- 「苦手なこと」「できないこと」を、正面に据えて、その分析とそれを乗り越える心の「構え」と「決意」が必要になります。
- 毎日の学校生活に疲れ切って、立ち向かうエネルギーが枯渇している時は、時々休養が必要で、ゆっくり休憩したり、したくないことはしないで好きなことだけをしたりして、無理しない時間が必要になります。そして、自分の内面からの湧き上がって来るエネルギーを待ちます。
- 何年かかるかは、それを乗り越えた時にわかります。自分が納得し、充分休憩したら、自分から立ち上がってきます。
- この「構え」と「決意」ができるような環境が整わないと学習はいつまでも成立しません。

これらのことができるために、教育の支援（合理的配慮）が必要なのです。

Ⅳ　発達に特性がある子ども達の共通した特徴

①生まれつきの脳の機能のアンバランスで、できる（わかる）所と、できない（わからない）所の差が大きいです。

②記憶障害（短期記憶が弱い）で覚えられないのです。

- その時はわかってもすぐ忘れる
- 忘れ物が多い
- じゃまくさがり

③視覚的ワーキングメモリーに強い子どもや、聴覚的ワーキングメモリーに強い子どもがいます。

④本来の姿は「やさしい」「まじめ」「がんばり屋」「一所懸命」ですが、ずれたり、要領が悪かったりして、上手く学校や社会に適応できないことが多いです。

⑤学齢期の対応としては、基本は通常学級＋通級指導教室または特別支援学級在籍になり、多様な集団で揉まれながら、ルールを学んでいくことになりますが、質的な差が大きいと、特別支援学級のみで過ごすことも必要になります。また、思い切って支援学校への選択肢もあります。

⑥「合理的配慮」のないインクルーシブ教育は、子ども達を追い詰めるだけです。

Ｖ　発達特性 LD（限局性学習症）のキッズの子ども達の実際

※目の前の事実

- 漢字が覚えられない。すぐ忘れる。その時はわかったつもりになる。
- ぱっと言われてもすぐに答えが出てこない。聞いて理解する力は良好です。

※自覚

- 「ほんまに自分は覚えられへんわ」「何でやのん」——努力する——でもテストはあかん——「皆が覚えているのに自分だけ覚えられへんことはないはずや」——努力する——テストあかん——やっぱり自分はあほやねん——でも努力する——くたびれる　　夜中に親を起こして、一緒に宿題をしてくれと泣く、夜中にタブレットを出して学習アプリをします。

※現象

- 諦める　寝る　休む　逃げる　避ける　当たる　すねる
  好きなことだけします。

※心情

- 腹立って　荒れて　泣いて　わめいて　暴れて　ノート・プリント・教科書を破る　鉛筆を折る　下敷きを割る　物を投げる　泣き叫ぶ　物に当たる　「立派な不良になったるからな」と言って睨みます。

※言い分

- みんなと一緒のことしたい。自分だけ違うこと、違うノートを使うそんなん格好悪くてできへん。
- いらんこと学校に言いに行かんといてや。
- 友達や後輩に自分が文字を書けないこと知られるのはいや。
- こんなんやって（英語・数学）将来何の役に立つの？

※葛藤

- 人と違うやり方でも良いからわかりたい。

※分かれ道

- どうせわからんから人と違うやり方は嫌。真似でも良い、わからなくても他の人と同じやり方をしたい。教室では邪魔しないから、置いといて。息を潜め、気配を消しています。→出口のない迷路に入っていく（本音はわかりたいけど、どうしてもわからん）。
- 「なんぼやっても覚えられへんもんしゃあないやん」自分のやり方でやる。

※悟り

- 皆の前で言う（カミングアウト）。

- これ以上無理やからやめとく。
- 字読まれへん、書かれへん、計算でけへん。
- 自分はこれで世の中渡っていかなあかんねんからね。
- 拡大教科書を見て、「わーこれやったらよーわかるわ」
- 支援の教室で教えてもらう方が自分には良くわかる。
- 漢字はあかんけど、○○なら大丈夫。
- 苦手なこといっぱいあるけど、△△やったらいける。
- テストはカンでいく。

※教師の心ない言葉
- わからんお前が悪い。
- 昨日あれだけしたのに、もう忘れたんか。
- 何でわかれへんの？
- それはそうなってるんやから、訳わからんでも覚えなさい。
- LD センターの検査結果を出しているのに「普通の子です。ひらがな忘れたん？」
- 「皆と同じようにしないと、後で困りますよ」
- この子だけに「特別なことはできません」

※本音
- 写すのは早いけど、何書いているのかわからん。
- ひらがなで書く方が早い。
- 作文苦手（何からどう書くかわからん）
- あの先生、「もう終わってるな」
- あの先生の切れ所がわからんわ。
- あの先生に、こっちがもう切れそうや。

※子ども達の究極の工夫
- 漢字は読めないので、文の前後で大体の意味を掴む。
- かけ算は、足し算でする。しかも暗算で。
  九九を覚える必要を感じていない？
- わかれへんけど「あっそうか！」と言ってその場を切り抜ける。

Ⅵ　教育現場への提言

今の学校現場の状況

それでも「困っている子」へ、以下のような配慮をお願いしたいと思います。

教師へ （困難な現場の中で、その気になればできる配慮をお願いします。ただし、本人の了承が必要です）

・一人ひとりの子ども達の発達の特性をよく知り、適切な教育は何かを考えて下さい。

・親との共通理解が基本。親が望まないなら、それは成立しません。（ここは割り切る）

・読み書き障害のある子どもの学習は、読めば内容はわかるので「読み」を優先にして下さい。

・本人が希望したらルビ付きのテストを使って下さい。

・国語の長文は読み上げて下さい。聞いたら理解できます。

・漢字の読みができても、書けないときは、テスト問題は「読み」ばかりにして下さい。

・数学の計算は、直前にもう一度見直す時間を与えて下さい。

・解答群を作ってその中から選ぶようにして下さい。

・国語以外の教科で、漢字の書き取りは止めて下さい。語句・用語を「漢字 5 文字で書け」等。

・社会・理科等の語句の漢字表記に工夫をして下さい。書けないが見たらわかる語句もあります。

・書き障害のある子どもには、書きたいと思うようになったら、早々にキーボードを与え、タッチするだけで文が作れることを体感することで、意欲的になることもあるので、本人にどうしたいか聞いて下さい。

・本を開くことや、鉛筆を持ちたがらない時期があります。そこは待つしかないです。一緒にその間は見守り続ける忍耐が周囲の人に要求されるので、学校の中に居場所を作って下さい。

・アルファベット障害は、小学校のローマ字学習でつまずくことで発覚します。読めないと書けないのです。

・英語の文法 S（主語）V（動詞）O（目的語）の関係の理解が困難ですが、本人のペースで進めて下さい。

・皆と一緒の課題を提出することは、本当に意味があるのか、問いたいです。

・現在ＬＤの子どもに対して、学校でできることは、宿題の軽減、板書の写しの免除、時間をかけて話をじっくり聞くことです。これすらもできていないのです。

・教師がその授業での狙いを明確に持って、それを獲得したかどうかを確認する（口頭で確認）等の工夫がいります。無理かもしれませんが…。

・通常学級担任の力だけで、ＬＤの克服はできないのです。特別支援学級担任・通級指導教室担任とも協力して、子どもの困っている所への直接の指導が必要になるのです。指導は「わかっている所から始める」ことが基本になります。しかし LD の専門家は少ないのです。

・DCD　粗大運動の苦手がある時は、体育をよく休み感覚過敏でプールに入れなかった

り、縄跳び、ダンス等に苦手が現れることもあります。

　微細運動の苦手がある時は、指使いが苦手でリコーダーを上手く吹けず、叩き割る子もいるので、画一的な指導は馴染まないです。手先が不器用で、形が取りにくく、文字や描画、工作が苦手になる子どももいます。

・スマホの検索機能・リモートの活用が有効な時もあります。
・「甘やかしている」という批判は当てはまりません。そんなレベルではないのです。この発達の特性は、生まれつき脳の機能の偏りなので、改善することはあっても、治ることはないのです。ただ ADHD は、脳の発達と共におさまる傾向はあります。
・毎日の授業で何を書いているのかわからない恐怖、恥ずかしさが想像以上に大きいことを知って下さい。
・子どもにとって一番長くいる時間が学校です。その長い時間に自分を理解してくれる先生や友達がいるかどうかで変わってきます。子ども一人ひとりの思いに気がつく先生であって欲しいと思います。
・先生が「がんばらせる」と本人は「がんばってしまう」傾向があり、後でエネルギーが枯渇して続かなくなるので、本人が「いや」と訴えやすいような環境を作り、本人が自分の気持ちを話せる力を培う必要があります。
・今現れている姿が、「精一杯生きている証拠」なので、便利グッズで代用される物があるなら、どんどん使い、本人の負担を減らして気持ちを楽にすることで主体的な学びに希望を繋げることが大切です。
・学校には LD の知識のある先生は少ないので、LD の子どものしんどさが理解できないために配慮がないまま授業を進めたり、配慮しているつもりが、ずれてしまったり、子どもを追い込んでしまうことも見られます。子どもの声をよく聞いて進めて下さい。

教育行政へ求めることは次のことです

・今の学校教育に適応しにくい子ども達が存在することを認め、この子ども達に合った「合理的配慮」は何かを考え、子ども達が安心して学べる環境を作って下さい。
・教育の予算を削らずに、増額し、教員を増やして下さい。
・教員全員が発達特性の基礎知識を身に付けて、実践交流も進めて下さい。
・ルビ付きの教科書を用意して下さい。
・特別支援学級担任には、特別支援教育についての研修を義務付け、少なくとも 1 年は続けて下さい。途中で代わる事態になってもすぐ代わりの先生を配置して下さい。
・大阪府下東大阪市は、支援学校高等部の進学時に 4 カ所の学校に分かれますが、子ども達は 3 年掛けてやっと周りに慣れる状態なのです。希望者にはせめて同じ学校の中学部・高等部を続けて行けるように考えて下さい。

Ⅶ LD児の学習指導の実際

*現実的にLD児の学習指導は学校現場の通常学級で可能でしょうか？

　答えはNOです。今の学校体制の下では残念ながら不可能です。

* 2007年特別支援教育の開始に当たり、発達障害の子どもの学習について「合理的配慮」が担保され、特別支援学級や通常学級での配慮を受けながら学習できることが可能になりました。開始当時は管理職も発達障害の子ども達の合理的配慮のあり方について色々考えて、保護者と話しながら進めてきました。

　　しかしながら17年を経た現在は「合理的配慮」はもとより発達障害児の学習権保障は「学校への適応」の名の下に無残な現実になっています。「合理的配慮」は発達障害の子ども達にとって学習の権利なのです。17年経った今、「合理的配慮」は机上の空論になり、発達障害児は闇に放り出され、内容は後退している現状です。

*保護者との話し合いの中で、子どもの実態を共有しながら、学習の進め方を決めますが、この時やり方は2つに分かれます。

　①わからなくても良いから座らせておいて欲しい。

　②子どもの実態に即した教育をして欲しい。最終的には親の判断で進めます。（割り切る）

*教室での学習は「先生の話を聞いていると、板書をノートに写せない。板書をノートに写していたら、先生の話が聞けない」先生の話を聴きながら、黒板の文字を見てノートに書くという同時に2つのことをすることが困難な子どもがいます。この子らの存在を認めない授業の進め方は「合理的配慮」にはなっていません。

*当初LD児は通常学級担任の配慮で進めていくことが推奨され、拡大コピー、宿題の軽減等が行われていました。しかし17年経った現在は、ほとんどその配慮すら見当たらない現状です。

*LD児は学習面で全く配慮されず放置されているため、不登校に容易に結びついていきます。

1，通常学級での子ども理解と合理的配慮は以下のことが考えられます

①まず、子どもの困難やしんどさを理解することが大切です。

　困難があることを認め、共感してください。（「そんなことないよ」とか「がんばればできるよ」などと困難を否定しないことです）

②週に1～2回でも個別の対応があることによって、学級の中でも落ち着いていられるようになります。

　子どもには、個別的対応、小集団、学級集団など3つ以上の複数の集団が必要です。これは、基本的にはどの子にも必要なことです。（通常学級だけでは無理）

③安心してできることを課題として示します。

確実にできること、少しがんばればできることに絞ります。

④子どものペースですることを励まします。

みんなと同じようにしなくても良いことをはっきり伝えます。どの子も違いがあり、同じようにしなくてもよいことを確認しながら、助け合う、協力し合う関係が大切です。

⑤だいたいできたら、ほめます。

(細かいことを指摘したり、直させたりしない)一人ひとり、自分のやり方で力を発揮したらまずがんばりを認めることから始めます。間違い直しはしません。課題ができるまで残すことはしないでください。

⑥学級は仲間づくりが基本です。

特別なニーズのある子どもを含めて、違いを認め合う関係を、学年を追って作っていきましょう。

２，通級指導教室・特別支援学級でのLD児の学習指導の実際は、以下の視点が大切です

＊日常の会話は成立していますか？　話していることの意味が聞き取れていますか？

＊本人はどこで困っているかを聞き出します。

＊基本は学級での配慮点を踏まえながら、「聞く」「話す」「読む」「書く」のレベルを「ひらがな」「カタカナ」「漢字」「数字」「アルファベット」で子どもの実態を調べます。

３，LD　学習障害とは何かを、きちんと理解していますか？

①日常会話は普通なのに、文字、特に漢字が読めない、書けない

②計算ができない

③アルファベット障害がある（英語が苦手）

④LD児はできることと、できないことの差が大きいです。（会話や思考は普通なのに、書けない）

⑤学習意欲がないときは遊ぶ（カルタ遊び　しりとり　双六　ウノなど）

⑥音韻検査（文字は使わない　読ませない・書かせない）が必要

⑦かたづけられない（忘れ物が多い。時間の概念がない）

⑧心理検査を受けなくてもわかる事柄

・文字が枠の中にはまらない（字が汚い。文字の大きさがまちまち）

・文字が読めないのか？（ひらがな　カタカナ　漢字　ローマ字　アルファベット）

・文字が書けないのか？（ひらがな　カタカナ　漢字　ローマ字　アルファベット）

・作文、計算、文章題について調べる

・覚えられないのか？　すぐ忘れるのか？（九九　漢字）

・読んでもらうと（聞いたら）わかるのか？

　絵本への興味？（カルタ遊び　しりとり　双六　ウノ　マンガ）

　ひらがな　1音1文字読めても、単語として読めるのか？

　読んであげると意味がわかるのか？

　文字—意味—読み　の関係が成立していますか？

4，粘土学習　出された課題に対して、課題の意味を視覚的にイメージしたものを粘土で作品にします

　課題　　低学年：具象的（犬・車・花）等　名詞　動詞

　　　　　高学年：抽象的（平和・風・演奏）等で粘土作品を作ります。

　次に粘土ひもで文字を作ります。課題の文字がわからない時は辞書で調べます。または別紙に書き出します。それを鉛筆で文字を見ながら1回書きます。2回目は見ないで書きます。最後に「どこが難しかった？」と聞きます。究極の自己認識です。

＊読み先行（書けなくても、まずは読むことを先行します）

＊中学生になったら英語を入れます。小学校でローマ字がわかりますか？

　LDの子ども達は本人の怠け・やる気のなさでこのようになっていると思われがちであり、本人も親も、教師も「やったらできるはず。やらないからこのようになってる」本人のやる気の問題と、捉えがちですが、事例にあるように、本人の努力ではどうにもならないのが現実です。

　ASDやADHDを併合していることが多いので、こだわりや、プライドが重なって出現する場合が多いです。ASDがきついとLDの学習までいかない時があります。一人ひとりの実態が違うので、細かい配慮が必要となります。

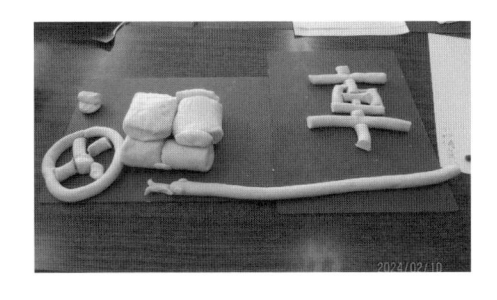 

おわりに

　発達の特性を治す方法とか、テストの成績をすぐ上げる方法なんてありません。そんな単純な問題ではないのです。人間として、皆の中で成長・発達することは、「安心して自分のことを話せる人・場所の確保」が基礎になります。その中で、自分の自信のなさ、不安、自己不信の2次障害に対しての粘り強い、教えない・導かない教育的取り組みがなされます。その長い取り組みの中で自分もまんざらでないなあ・自分のやり方でやれば良いんだと自ら立ち上がります。そしてそれは「自分が自分の特性について、認めて、向き合って、受け入れて、切り換えて、乗り越える」過程と言えます。教育情勢はますます厳しくなり、通常学級からはじき出された子ども達の行き場がありません。LD については、治ることはありませんが周囲の理解や環境の整備等で、それなりに成長します。そのため、自尊心を低めない多様な学び方の研究が求められます。現場の教師の悲鳴と苦悩の中でも、子ども達はけなげに生きていくのです。

　また、自尊感情が低いと決定的な瞬間の判断が適正にできないことがあります。自分も「まんざらでない」という気持ちを大切にしたいものです。

　21世紀の教育の恩恵を全くと言って良いほど受けないで、自分だけの力を頼りに、可哀想なほど懸命に生きようとする子ども達の姿に敬意を表しながら、スタッフ全員が子どもの立場に寄り添い支援して 17 年が経ちました。この間多くの保護者や支援者の協力で本書発行に至りました。この本書が、なかなか広がらない発達特性の理解と今後に教育・保育の仕事を担う人達の子ども理解の参考になれば幸いです。

東大阪キッズ相談＆学習室　スタッフ一同

2024 年　吉日

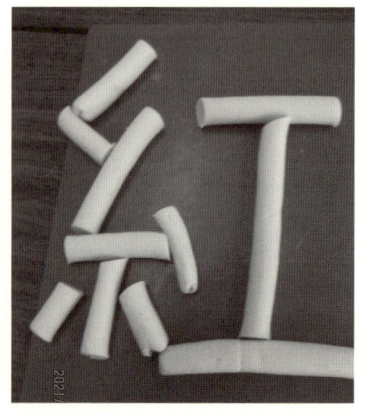

東大阪キッズ相談＆学習室とは

I　東大阪キッズ相談＆学習室開設までの経過

　私は 1969 年から東大阪市で中学校、小学校教師を 37 年間勤め、教師生活後半 15 年は、特別支援学級担任（当時大阪府では養護学級と呼ばれていた）でした。1992 年に日本 LD 学会が発足したのを知って、すぐに LD 学会に入会し、日曜日毎にある講義を受けに行きました。たくさんの参加者でした。新しい専門用語に飛びついて学びましたが、何かいまいち、しっくりきませんでした。

1.　窪島先生との出会いと滋賀大キッズカレッジ

　2002 年、東大阪市教育研究所で行われた窪島先生の「学習障害」の講演は、私にとって、正に「目から鱗」でした。大脳生理学、認知心理学、発達保障論に基づく発達心理学（自我の発達）、諸外国の読み書き障害の先行研究、発達障害、教育学、教科の系統性等どれをとっても、大切で、「これだ」と納得しました。

　当時、養護学級担任であった私に、LD 児について相談がありました。児童が 3 年時の学級担任が作文を見せてくれました。「んろかい　がんばるろ」と書いてありました。書き障害もあると考え、これは「運動会　がんばるぞ」と読みます、と伝えました。そんな時の窪島先生との出会いでした。次の年、養護学級に入っていたもう一人の児童は、知的障害はないのですが算数の計算が苦手でした。指を使っての計算は素早かったです。「どんな計算の仕方をしているのか教えて」と頼みましたが、「企業秘密」と言って断られました。この児童も滋賀大キッズカレッジ（SKC）に通うようになりました。教え子が 2 人も SKC にお世話になっているので、私も滋賀大に手伝いに行くようになりました。

2.　特別支援教育の開始と退職へ

　2007 年、制度として「発達障害児」の一応の学びの場が決められましたが、予算は付けない。教師の増員もしない。LD 児は通常学級担任の配慮だけでやっていけると言う内容で、誰が見ても、上手くいくはずがない制度です。そこに、この特別支援教育の開始です。発達障害の基礎知識もなく、特に「LD」の概念の統一もないままでは、日本中が大騒ぎになると本当に思いました。

　大阪の障害児教育は、半世紀近く「養護学校不要論」「原学級保障論」（どんなに重い障害がある子どもでも、すべて地域の小・中学校の通常学級に通わせるという考え方）によってゆがめられてきた経過があります。当市も同様でした。

　私はそんな中で一人ひとりの子どもの実態から何人かの仲間と共に教育内容を作り上

げていく地味な努力を続けていました。

　私は、滋賀大で、学習障害の理論と、SKC 滋賀大キッズカレッジの実践を学び、東大阪市の子ども達に少しでも返したいと思うようになりました。思い切って定年より 1 年早く退職し、新しい理論と実践に挑戦する道を選びました。

3.　SKC 滋賀大キッズカレッジ専任スタッフとしての活動と
　　東大阪キッズ相談＆学習室開設へ

　大阪府での学習室を開催するにあたり、趣旨に賛同するスタッフを募りました。現在までずっと学習室を支えています。その後別に、「2009 年 SKC 滋賀大キッズカレッジ大阪相談＆学習室」も併行して開設され、私たちも参加しました。「安心と自尊心」を柱に学習室が展開するものの、「自尊心」や「人格全体に働きかける」の意味が難しくて、子どもと対峙しながら、極めていくしか道はありませんでした。学習室が始まる前と、後にスタッフと子ども一人ひとりについての指導内容の課題についての話し合いをしっかり行い、全員で共通理解をしていきました。

　その後、「東大阪キッズ相談＆学習室」と改称し、活動も気がつけばトータル 17 年を過ぎようとしています。この間多くの親・子ども達と関わり、多くのことを学んできました。

　最初の頃の子ども達はすっかり成人し、自分の道を歩いています。そこで 17 年間の実践を振り返り、問題点の整理と、課題のまとめを試みました。

Ⅱ.「SKC 滋賀大キッズカレッジ」の理論とは

　東大阪キッズ相談＆学習室の目標は、読み書きのスキルを向上させる以上に読み書き障害、更には、発達障害のある子どもの人格全体の主体的発達を促すことにあります。また、障害を乗り越えるのは本人自身であり、子どもの生活と自己認識などの主体的側面を核とし、発達障害のある子どもの認知的困難や対人困難を十分に把握します。その上で、子どもの人格と思考の発達に指導を集中することを踏まえて学習を進めてきました。また、自我の発達・人格発達に焦点を当て、主体的選択と意思決定を重視する指導法「教えない」「導かない」指導を行いました。学習以前に、学習意欲を失っている一部の子ども達には、粘り強く付き合っています。

> ### 注：本書では「発達障害」と「発達に特性の
> 　　 ある」を同義語として使っています

スタッフ感想文

1 私はキッズの後半数年間関わってきました。参加して一番びっくりしたことは私たちが児童に関わっている間、同じ時間に毎回別室で井川先生が親御さんの悩みを聞いたり助言をされていたことです。そして学校へ直接要望したり、担任への働きかけを親御さんに助言したり、また進路についてもたくさん資料を集めて助言されていたことです。

(I・C)

2 発達障害のことを殆ど知らなかった私は、子どもの見方・関わり方を井川先生や滋賀大で学んできました。学びながらキッズ学習教室で十数年間、多くの子ども達に関わりました。そんな中で心に残っているのは、子どもが安心して学習に取り組んだ結果、自分について客観的に見られるようになり、少しずつ成長していったことです。また、親も子どもをありのまま認め、成長をゆっくり見られるように変わってきたように思います。長い期間、子ども達との関わりを持てたことで、親子ともに成長していく姿を見ることができました。一人ひとりの子どものことを集団で話し合い、次へつないでいくことの大切さも学ぶことができて、良い経験になりました。(S・T)

3 スタッフとしてキッズにかかわる中で、寄り添いながら待つとは、どんなことなのか学ばさせてもらいました。

自信がなく自尊感情が低くなった子どもの、表面的な言葉や行動の奥にあるものと、寄り添っていくことの大切さと難しさを、とても考えさせられました。

また、同時に、長年の教師生活に欠けていたことを、つくづく思いました。

スタッフみんなで、辛抱強く寄り添っていく中で、子ども達が、どんどん成長していく姿を見せてくれたキッズには、本当に感謝しております。

(T・T)

4 キッズには、教員最後の日に初めて、スタッフ会議に参加させてもらいました。退職前から、特別支援教育が始まっており、管理職も含め、発達障害の学習が求められている時期でした。私は、滋賀大学で障害児教育、読み書き障害について学びながら、キッズカレッジ（SKC）と、東大阪キッズに参加しました。以後15年間、井川先生とスタッフに支えられながら、子ども理解を深めてきました。子どもやお母さん

に学ぶことも多く、とてもドラマチックな日々でした。

　発達障害を持つ子どもらの学習は、様々な困難や辛さを伴うことが多く、それは一人ひとり違います。また、外からは見えないしわからないことが多いです。しかし、この困難に親は一番先に気づき悩まれます。誰に相談して良いかわからずに悩まれたままの人もいますから、キッズに来られた方は良かったです。キッズでは、井川先生を中心に、親からも子どもからもじっくりとお話を聞くことから始まります。安心して話せる人と場所があると、人は心を解放させ、話すことで整理され、次への見通しがでてきます。この、教育相談の役割が大きいなあと思います。

　キッズでの学習は、できるところから始めます。無理させない、数は少なく、ゆっくり進む。教員だった時と何と言う違いだろうか！　だからなのか、学校は休んでいてもキッズに来る子は多いです。

　その日の子どもの学習の様子、がんばり、成長や変化等と、親との対応でわかったこと等を出し合いスタッフで共通理解しています。また、子どもを見ている期間が1年を越える子も多く、自己認識が進み、自ら次のステップへ動き出す姿を見せてくれることが多々あります。そんな場面に立ち合わせてもらい、喜び合える幸せな場所であり、時間です。

　子どもらの困難や父母の願いを何とかしたいと、直接学校へ出向いたり、地域の父母や教師を対象に講演会を開催したり、障害児者連絡協議会（障連協）や、障害児教育をよくする会と連携して大阪府や東大阪市の教育委員会へ届ける役割をしていることは、価値ある仕事だと思います。　　　　　　　　　　　　　　　　　　（U・M）

5 退職してから十数年、発達障害の子ども達と関わってきました。在職中少人数加配の任で、特別に別室で1年生の子ども達と学習してきましたが、キッズで支援者として向きあっていると、子ども達への理解が不十分だったと気づかされました。

　毎回少しでも積み重なっていってるのか半信半疑の連続でしたが、長い目で見ると、確かに成長しているなと実感します。ジグザグに揺れながらある時、ふっと段階が上がったなと感じた時は嬉しいです。保護者の子ども理解があればこそと思います。　　　　　　　　　　　　　　　　　　　　　　　　　　　　　　　（T・E）

6 この間の子どもさんとの学習では、彼女が自分の回答に自信が持てず、キッズのスタッフ（私）の反応を伺いながら学習を進めようとする姿に寄り添いつつ、同時に母子分離を促し、大人が与える枠組みを示すことで、安心感を持ってもらえるように努力することから始めました。

　そこから少しずつですが、彼女が発する言葉を丁寧に拾いながら、一緒に本人が使う言葉の意味を確認していくことで、彼女の話しや考えていることが重要であることを伝えていきました。ここが私なりの本人の自我の成長に併せて、自尊感情を育てるための関わりであったと思います。

（N・E）

参考文献

窪島務　（2005）：『読み書きの苦手を克服する子どもたち：「学習障害」概念の再構築』　文理閣

窪島務編集代表　（2010）：『ぼく、字が書けない　だけど、さぼってなんかいない：発達障害（LD、ADHD、アスペルガー症候群）の読み書き困難』　文理閣

三木裕和（2013）：『希望でみちびく科学―障害児教育ホントのねうち』クリエイツかもがわ

窪島務（2019）：『発達障害の教育学』　文理閣

井川百々代・窪島務　（2023）：「安心と自尊心」にもとづく LD 児の教育指導　－事例研究を通して―　滋賀大学教育実践研究論集第 5 巻

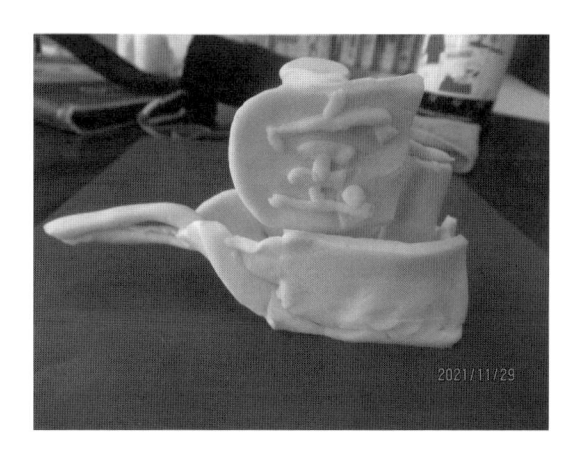

【著者】

井川 百々代（いかわ ももよ）

1946 年生まれ

1969 年〜 2007 年　東大阪市教員

2007 年〜　SKC（滋賀大キッズカレッジ）へ。
　　　　　LD（読み書き障害）に特化した学習室（東大阪キッズ相談＆学習室）を
　　　　　開き、現在に至る。

2025 年 3 月で学習室は閉室。相談室は継続。

イラスト
井上　恵子

カバー・表紙・章扉デザイン／
クリエイティブ・コンセプト　江森恵子

発達障害の子ども達の理解と支援

2025年 1 月23日　初版第 1 刷発行
2025年 2 月28日　　　第 2 刷発行
2025年 4 月30日　　　第 3 刷発行

著　者　井 川 百 々 代
発行者　面 屋 　 　 洋
発行所　清 風 堂 書 店
〒530-0041 大阪市北区天神橋 2 − 5 − 28 2F
T E L　06（6316）1460
F A X　06（6365）5607
振替00920 − 6 − 119910

制作編集担当・長谷川桃子

印刷・製本／オフィス泰

清風堂書店

SW は清風堂書店のレーベル
です。
Spin Words…言葉を紡ぐとい
うことを大切にしながら 1 冊
1 冊ていねいに編んでいます。